中华经典藏书

安小兰　译注

中华书局

荀子

图书在版编目(CIP)数据

荀子/安小兰译注. —北京:中华书局,2016.1(2024.7重印)
(中华经典藏书)
ISBN 978-7-101-11478-2

Ⅰ.荀… Ⅱ.安… Ⅲ.①儒家②《荀子》-注释③《荀子》-译文 Ⅳ.B222.6

中国版本图书馆 CIP 数据核字(2016)第 003998 号

书　名	荀　子	
译 注 者	安小兰	
丛 书 名	中华经典藏书	
文字编辑	宋凤娣	
责任编辑	张　敏	
装帧设计	毛　淳	
责任印制	陈丽娜	
出版发行	中华书局	

(北京市丰台区太平桥西里 38 号　100073)
http://www.zhbc.com.cn
E-mail:zhbc@zhbc.com.cn

印　　刷	河北博文科技印务有限公司
版　　次	2016 年 1 月第 1 版
	2024 年 7 月第 9 次印刷
规　　格	开本/880×1230 毫米　1/32
	印张 9¾　插页 2　字数 150 千字
印　　数	69001-72000 册
国际书号	ISBN 978-7-101-11478-2
定　　价	24.00 元

前　言

　　荀子是战国末叶著名的思想家、文学家，也是先秦儒家思想的集大成者，他与孔子、孟子一起，被称为是先秦儒学最重要的三个人物。荀子本名况，又号荀卿（汉代人避汉宣帝讳，改称孙卿），赵国人，生卒年代已经无考，大约在公元前298—前238年间。根据《史记·孟子荀卿列传》记载，他五十岁来到齐国，曾在齐襄王的稷下学宫讲学，三为祭酒，后因被谗，到了楚国，被春申君用为兰陵令。春申君死后被废，失官家居逝世，葬在兰陵。

　　荀子的思想资料主要保存在《荀子》一书中。起初，荀子的作品以单篇流传，有三百二十三篇，西汉刘向校书的时候，将其整理校订，编辑成书，定为三十二篇，十二卷，当时称为《孙卿新书》。后来唐人杨倞为其作注，将其编为二十卷，才更名为《荀子》。这就是我们今天所看见的《荀子》。关于这本书的写作，据刘向《叙录》记载应该是荀子晚年在兰陵时写的。"孙卿卒不用于世，老于兰陵，疾浊世之政，亡国乱君相属，不遂大道而营乎巫祝，信机祥。鄙儒小拘如庄周等，又滑稽乱俗。于是推儒、墨、道德之行事，兴坏序列，著数万言而卒"。但其实《荀子》一书，并非全部出自荀子本人。一般认为，《大略》以下六篇，包括《宥坐》、《子道》、《法行》、《哀公》、《尧问》等，皆为荀卿弟子所记荀子之语及杂录传记，应该是汉儒杂录的，非荀子之旧。其他篇目，虽内容与荀子的思想多相吻合，但其真伪，在学术界也还有争论，如《儒效》、《君道》、《议兵》、《强国》、《仲尼》、《致士》、《君子》、《成相》、《赋》等篇，很多学者以为都有窜杂文字在内。

荀子的思想，综合了战国道家、墨家、名家、法家诸家的思想成分，而对儒学做了创造性的发展，其中特别重要的是他关于人性、礼法、人的地位、名实关系的学说。

荀子思想中最有特色的，是他关于人性的学说。这一学说构成他的整个思想体系的基础。与孟子主张"人性善"不同，荀子认为，人生来就有好利之心、嫉妒之情、耳目之欲，饥而欲饱，寒而欲暖，劳而欲休，这是人的本性。"今人之性，生而有好利焉，顺是，故争夺生而辞让亡焉；生而有疾恶焉，顺是，故残贼生而忠信亡焉；生而有耳目之欲，有好声色焉，顺是，故淫乱生而礼义文理亡焉"。在他看来，人类这种好欲、逐利的本性与辞让、忠信、礼义等善的价值观从根本上说是对立的，"从人之性，顺人之情，必出于争夺，合于犯分乱理，而归于暴"，如果顺从人的天性，社会就会陷于混乱。所以他认为人性非但不善，而且根本就是恶的（《礼论》）。"人之性恶；其善者伪也"（《性恶》）。换言之，人性本身是不能产生美和善的，美和善只能产生于后天之"伪"。

荀子所说的"伪"，指的是人类后天的教化和努力，其核心的内容就是礼。"性者，本始材朴也；伪者，文理隆盛也。无性则伪之无所加；无伪则性不能自美"（《礼论》）。所谓礼，即"贵贱有等，长幼有差，贫富轻重皆有称者"，也就是荀子理想中上下、尊卑有序的社会制度。荀子认为，正因为人生而有欲，所以一旦欲望得不到满足，人们就会去追逐，追逐而没有止境，就会产生争夺和混乱。先王为了避免这种混乱而建立了"师法之化、礼义之道"，用此来规范人的行为，矫正人的天性，使人都能够"出于辞让，合于文理"，进而达到社会的治理安定。这就是荀子对于礼的缘起的看法。

正因为"礼"具有等级制度、道德规范和礼仪形式等多种内容，所以荀子提出了"隆礼"的观点，对礼在维护社会安定方面的作用给予高度评价。他指出礼是治国的根本，是"人道之极"，"天下从之者治，不从者乱；从之者安，不从者危；从之者存，不从者亡"（《礼论》），"人之命在天，国之命在礼"（《强国》），"礼者，法之大分，类之纲纪也"（《劝学》），"人无礼不生，事无礼不成，国家无礼不宁"（《大略》），认为"礼"是人之所以为人的根本，礼的存在与否关系到国家的生死存亡。先秦儒家学者，对于礼都非常重视，但荀子所言的礼，与孔子、孟子又有不同。孔、孟也讲礼，不过孔子的"礼"更多显示出的是他对西周文明的留恋和向往之情，而孟子的学说则以人性善为出发点，故而将礼的实现更多地寄托于人内心的自觉和自我的道德修养。荀子则不同，他的礼论是以人性恶为思想基础的，故而加入了一些"法"的思想，不但"隆礼"，而且"重法"，非常强调法律的约束和制裁作用。"明礼义以化之，起法正以治之，重刑罚以禁之"（《性恶》）。在他看来，制定法律的根本目的在"禁暴恶恶，且征（惩）其未也"，人类的天性会使人去作恶，作恶就应该受到其应有的惩罚，否则就是赏罚不明，会导致社会的不公，引起混乱。"人或触罪矣，而直轻其刑，然则是杀人者不死伤人者不刑也。罪至重而刑至轻，庸人不知恶矣，乱莫大焉。凡刑人之本，禁暴恶恶，且征其未也。杀人者不死而伤人者不刑，是谓惠暴而宽贼也，非恶恶也"（《正论》）。荀子因为主性恶，倡法制而被后来的儒家学者诟病，认为他是"大醇而小疵"，但也恰恰是在这些方面，才见得出荀子的独到见解以及对儒学的发展。

从荀子的人性学说和礼论中，我们可以看到，荀子对人性的基本认定是并不乐观的，但这并不意味着他对于人类的失望和悲观，相反，他认为人性虽恶，但人与其他动物也有不同，这种不同，就在于人有智慧。凭借这种智慧，人类可以建立礼义文明，从而摆脱天性之恶，进入美和善的状态。正是在这一点上，他对天人之间的关系提出了自己独特的思考。他认为，宇宙中存在着三种力量，即天、地、人。这三种力量，各有自己的责任和职能，但地位同等重要。"列星随旋，日月递炤，四时代御，阴阳大化，风雨博施，万物各得其和以生"（《天论》），这是天、地的职责。而人的职责，则是利用天地提供的东西，以创造自己的文化，即所谓"物畜而制之"、"制天命而用之"。因此，他明确提出"明于天人之分"的观点，认为人应该"不与天争职"、"不慕其在天者"，而要"敬其在己者"，做自己所能做的事，从而做到与天、地相参，即在顺应、利用客观规律的基础上，改造自然，利用自然，从而达到为人类谋福利的目的。这就是所谓"天有其时，地有其财，人有其治"（《天论》）。中国古代哲学中，"天人合一"一直是一个非常重要的命题，荀子天人之分的理论可以说对中国古代天人学说作出了重要贡献，成为其思想中最有价值的一部分。

荀子思想中最著名的还有关于名实之说的理论。名实，即名称与现实或概念与实在，其间的关系，是先秦诸子讨论非常多的一个问题。身处战国动乱之世，荀子深感名实不符的危害，所以对名实问题进行了极其深刻、完整的探讨。他认为"名定而实辨，道行而志通"，谨守名约是国家长治久安的根本，所以"正名"对于社会稳定具有非常重要的意义。每一个新王朝的兴起，"都必将有循于旧名，有作于新名"。他从三个方面对后王作新名的问题进行了论述。指出制定名称的由来，在于"制名以指实，上以明贵贱，下以辨同异"；确定名称同异的标准依靠的则是"天官"和"心"；而以"稽实定数"、"约定俗成"为制名之枢要。需要特别注意的是，荀子对于先秦的名实理论还有许多新的发展。在荀子之前，孔子和孟子对于正名的意义也都极其关注，但其着眼点主要在伦理方面，荀子的正名则在关注伦理意义的同时，也注意到了逻辑思辨问题。《正名》篇中关于"名"的逻辑分类，共名和别名的讨论可以说是中国最早的逻辑学理论，论述都极其精彩。

此外，荀子书中还有一些篇章，对先秦诸子的学说得失进行了评量，这些文章与《庄子·天下》、《淮南子·要略》以及司马谈《论六家要旨》等一起，都成为我们了解、研究先秦诸子思想的重要文献，因而也有非常重要的价值。

以上我们对荀子思想的大致情况作了介绍，下面就简单介绍一下本书的编选思路和写作情况。

《荀子》是先秦学术思想成果总结性的著作，里面涉及荀子的哲学思想、政治问题、治学方法、立身处世之道、学术论述等诸多方面，可以说每篇都有一定的价值。但我们的想法，是希望取其精华、选择其中最能代表荀子思想的部分来加以介绍。荀子书中，最当精读的有《天论》、《礼论》、《正论》、《乐论》、《解蔽》、《正名》、《性恶》诸篇，前面介绍的关于荀子的基本思想大都集中在这几篇中。故全文录入。除此而外，我们还选了《劝学》、《修身》、《非十二子》、《非相》、《王制》等几篇，这些文章或是脍炙人口的名篇，或能反映荀子其他思想，同时也是公认的荀子的作品，选录的目的，是希望在帮助读者理解荀子思想框架的同时，更加全面地了解他的思想。全书均加以简要的注释和翻译。

本书以中华书局《新编诸子集成》本中清人王先谦《荀子集解》为底本，在注释、翻译过程中，参考了前人和时贤的大量集解、注释及翻译的著作，由于体例的限制，恕不一一注明。荀子其书，错讹难解之处颇多，脱误、不可读处时或有之，本书在注释和翻译过程中，参阅、斟酌了诸家之说，尽量择其善者而从之，个别窒碍难通之处，不敢强解，则阙如。《王制》篇由张玉亮执笔，由我修改润色。笔者学力有限，在注释和翻译方面也不可避免地会出现不当或错讹之处，凡此，尚祈读者批评指正。

安小兰

2015 年 12 月

目　录

劝　学

　　此为《荀子》开篇之作，主旨在劝勉人努力学习。文章使用了大量比喻，说明后天努力和学习的重要性，指出学习贵在锲而不舍、长期积累，并且用心专一、无所旁顾。需要注意的是，荀子之学，以礼为归，他所论的"学"，并非我们今天所指的一般性学习的概念，而是指为士、为君子、为圣人之学。他特别强调学习之根本目的是为了积善成德，培养道德操守，涵育君子人格，所以他所说的学习方法就是诵读《诗》、《书》、《礼》、《乐》、《春秋》等儒家经典，并接近贤师益友。这也是贯穿在他全书中的一个观点。文章词藻丰富、比喻繁多，是《荀子》书中最脍炙人口的篇章。

　　君子曰：学不可以已。青①，取之于蓝而青于蓝②；冰，水为之而寒于水。木直中绳③，𫐓以为轮④，其曲中规⑤，虽有槁暴⑥，不复挺者，𫐓使之然也。故木受绳则直，金就砺则利⑦。君子博学而日参省乎己⑧，则知明而行无过矣⑨。

【注释】

①青：靛青。

②蓝：植物名，其叶可制蓝色染料。

③中（zhòng）：符合。绳：木匠用来测定直线的墨线。

④𫐓（róu）：扭使屈曲。指用火烤使木材弯曲。轮：圆如车轮。

⑤规：量圆的工具。

⑥槁暴（pù）：晒干，枯干。暴，太阳晒。

⑦金：金属。这里指用金属做成的刀或剑。砺：磨刀石。利：锋利。

⑧参：通"三"。这里指多。省：反省。

⑨知：同"智"。

【译文】

　　君子说：学习是不能停止的。靛青从蓝草中提取，却比蓝草的颜色更青。冰由水凝结而成，却比水更寒冷。笔直的木材，合乎墨线的要求，如果把它煨烤，就可以弯成车轮，弯曲的程度能够合乎圆的标准了，这样即使再曝晒，木材也不会再变直，原因就在于被加工过了。所以，木材经过墨线量过才能取直，刀剑经过磨砺才能变得锋利。君子广泛地学习，每天多多反省自己，就会聪明智慧，行为没有过错了。

故不登高山，不知天之高也；不临深谿①，不知地之厚也；不闻先王之遗言②，不知学问之大也。干、越、夷、貉之子③，生而同声，长而异俗，教使之然也。《诗》曰："嗟尔君子，无恒安息。靖共尔位，好是正直。神之听之，介尔景福④。"神莫大于化道，福莫长于无祸。

【注释】

①谿（xī）：山涧。

②先王：指上古帝王。

③干、越：春秋时的两个诸侯国，干国小，为吴国所灭。这里通指吴越地区。夷：古代对异族的称呼，多指东方民族。貉（mò）：古代北方民族名。

④"嗟尔君子"六句：此处引诗出自《诗经·小雅·小明》。恒，常，总是。靖共尔位，谨守其职位。靖共，即"靖恭"，恭谨地奉守。介尔景福，帮助你获得大的福气。介，佐助，帮助。景，大。

【译文】

所以，不登上高山，就不知道天有多高；不亲临深涧，就不知道地有多厚；不懂得先代帝王的遗教，就不知道学问有多么博大。吴国、越国、东夷、北貉之人，刚生下来啼哭的声音都是一样的，长大后风俗习惯却各不相同，就是教育使他们如此的。《诗经》上说："唉，君子啊，不要老是想着安逸。恭谨地对待你的本职，爱好正直之道。神明听到这一切，就会赐给你巨大的幸福。"精神修养没有比受道的教化更大的，福分没有比无灾无祸更长远的。

吾尝终日而思矣，不如须臾之所学也；吾尝跂而望矣①，不如登高之博见也。登高而招，臂非加长也，而见者远；顺风而呼，声非加疾也②，而闻者彰③。假舆马者④，非利足也，而致千里；假舟楫者，非能水也，而绝江河⑤。君子生非异也，善假于物也。

【注释】

①跂（qǐ）：踮起脚。

②疾：这里指声音洪大。

③彰：清楚。

④假：凭借，借用。舆马：车马。

⑤绝：渡过。

【译文】

我曾经整天思索，却不如片刻学到的知识多；我曾经踮起脚远望，却不如登到高处看得广阔。登到高处招手，手臂并没有加长，远处的人却看得到；顺着风呼叫，声音并没有加大，闻者却听得很清楚。借助车马的人，并不是脚走得快，却可以到达千里之外；借助舟船的人，并不是水性特别好，却可以横渡江河。君子的天性跟一般人没什么不同，只是善于借助外物罢了。

　　南方有鸟焉，名曰蒙鸠^①，以羽为巢而编之以发^②，系之苇、苕^③。风至苕折，卵破子死。巢非不完也，所系者然也。西方有木焉，名曰射干^④，茎长四寸，生于高山之上而临百仞之渊^⑤；木茎非能长也，所立者然也。蓬生麻中^⑥，不扶而直。白沙在涅^⑦，与之俱黑。兰槐之根是为芷^⑧。其渐之滫^⑨，君子不近，庶人不服，其质非不美也，所渐者然也。故君子居必择乡，游必就士^⑩，所以防邪僻而近中正也^⑪。

【注释】

①蒙鸠：即鹪鹩，体型很小，将自己的巢建在芦苇上。

②编之以发：用自己的羽毛编织而成。

③苇、苕（tiáo）：皆植物名，属芦茅之类。

④射干：一种草，可入药。

⑤仞：古代八尺为一仞。

⑥蓬：一种草，秋天干枯后，随风飘飞，故又称飞蓬。

⑦涅：黑泥，黑色染料。

⑧兰槐：香草名，即白芷。

⑨其渐之滫（xiǔ）：如果浸泡在臭水中。渐，浸泡，浸渍。滫，淘米水，指臭水。

⑩游：指外出交往。就：接近。士：有知识、有地位的人。

⑪中正：恰当、正确的东西。

【译文】

南方有一种鸟，名叫蒙鸠，它用自己的羽毛做巢，又用毛发细细编织，将之系于芦苇之上。大风一来，芦秆折断，鸟蛋摔破了，幼鸟也死了。这并不是因为鸟巢做得不完美，而是它所依托的东西使它这样的。西方有一种草，名叫射干，它的干长四寸，生长在高山上，俯对着百丈深渊；之所以如此，不是因为它的干长，而是它所生长站立的地势高。飞蓬生长在大麻之中，不用扶持自然就能长直。白沙混杂在黑泥中，自然也会和它一起变黑。兰槐芳香的根叫白芷。如果用酸臭的脏水浸泡它，君子不愿意接近它，普通人也不愿意佩戴它，这并不是因为它的本质不美好，而是因为被脏水浸泡的结果。因此，君子定居时一定要选择乡邻，出游时一定要亲近有品学之士，用来防止沾染邪恶的东西、接近正确恰当的思想。

物类之起，必有所始。荣辱之来，必象其德①。肉腐出虫，鱼枯生蠹。怠慢忘身，祸灾乃作。强自取柱②，柔自取束③。邪秽在身，怨之所构④。施薪若一⑤，火就燥也；平地若一，水就湿也。草木畴生⑥，禽兽群焉，物各从其类也。是故质的张而弓矢至焉⑦，林木茂而斧斤至焉，树成阴而众鸟息焉，醯酸而蚋聚焉⑧。故言有召祸也，行有招辱也，君子慎其所立乎⑨！

①象：接近，相应。意思是为善可以获福，为恶则遇
　祸，祸福与品德相应。

②强自取柱：意思是太刚则折。柱，通"祝"，折断。

③束：束缚。

④构：集结，联结。

⑤施薪：布薪，把柴草放在地上。

⑥畴生：即同类相聚的意思。畴，俦，同类。

⑦质的：箭靶。的，箭靶的中心。张：张设。

⑧醯（xī）：醋。蜹（ruì）：蚊子。

⑨君子慎其所立：君子对自己的立足之处要慎重。

【译文】

　　凡一种事物的兴起，一定有它的根源。荣耀和屈辱的
到来，一定同一个人的思想品德有对应的关系。肉腐烂后
就会生蛆，鱼枯死后就会生蛀，懈怠散漫，忘乎所以，灾
祸就要发生了。刚强自取摧折，柔弱自取束缚。自己身上
有邪恶污秽的东西，必然会招致怨恨。同样是柴草放在地
上，火必然先烧那些干燥的；同样是平地，水必然往潮湿
低洼处流。草和树长在一起，飞鸟和野兽总是同群，世间
万物大都各从其类。箭靶树起来，弓箭才会射到那儿，林
木长得茂盛，才会招来斧头的砍伐。树林成荫，鸟雀才会
栖居其上。醋变质后蚊虫才会聚生其中。所以言语有时会
招来祸患，行为有时会招致侮辱，君子于自立之所一定要
慎重选择啊！

积土成山，风雨兴焉；积水成渊，蛟龙生焉；积善成德，而神明自得①，圣心备焉。故不积跬步②，无以致千里；不积小流，无以成江海。骐骥一跃③，不能十步；驽马十驾④，功在不舍。锲而舍之⑤，朽木不折；锲而不舍，金石可镂。蚓无爪牙之利⑥，筋骨之强，上食埃土，下饮黄泉，用心一也。蟹六跪而二螯⑦，非蛇鳝之穴无可寄托者⑧，用心躁也。是故无冥冥之志者无昭昭之明⑨，无惛惛之事者无赫赫之功。行衢道者不至⑩，事两君者不容。目不能两视而明，耳不能两听而聪。螣蛇无足而飞⑪，鼫鼠五技而穷⑫。《诗》曰："尸鸠在桑，其子七兮。淑人君子，其仪一兮。其仪一兮，心如结兮⑬。"故君子结于一也。

【注释】

①神明：指无所不达有如神明般的境界。荀子论学，认为成圣在于积善，积善达到的最高境界就是神明之境。

②跬（kuǐ）步：半步，相当于今之一步。

③骐骥：骏马。

④十驾：十日之程。驾，马行一日，夜则休驾，故以一日为一驾。

⑤锲：和下文的"镂"都是刻的意思。木谓之"锲"，金谓之"镂"。

⑥蚓（yǐn）：蚯蚓。

⑦跬：足。螯：蟹头上的二爪，形似钳子。

⑧鲜：同"鳝"。

⑨冥冥：与下文的"惛惛（hūn）"皆指专一、精诚之貌。

⑩衢道：歧路。

⑪螣（téng）蛇：古代传说中一种能穿云驾雾的蛇。

⑫鼫（shí）鼠：一种危害农作物的老鼠。五技：谓能飞不能过屋，能缘不能穷木，能游不能渡谷，能穴不能掩身，能走不能先人。

⑬"尸鸠在桑"六句：此处引诗出自《诗经·曹风·尸鸠》。传说尸鸠养育幼子，喂食时早上从上而下，傍晚从下而上，平均如一。用尸鸠起兴，表示君子执义当如尸鸠待七子如一，如一则用心坚固。尸鸠，布谷鸟。淑人，善人。结，凝结不变。

【译文】

土堆积起来成了高山，风雨就从这里兴起；水流汇积成为深渊，蛟龙就从这儿诞生；积累善行养成高尚的品德，自然就会达到最高的智慧，具备圣人的精神境界。所以不积累一步半步的行程，就没有办法到达千里之远；不积累细小的流水，就没有办法汇成江河大海。千里马再快，一跃也不超过十步；劣马十天却能走得很远，它的功劳就在于不停地走。刻一下就停下来，腐烂的木头也不能断；坚持不断地刻下去，金石也能雕成形。蚯蚓没有锐利的爪子和牙齿、强健的筋骨，却上能吃到泥土，下能喝到黄泉，原因就在于它用心专一。螃蟹有六只脚，两只大钳子，离开了蛇、鳝的洞穴却无处存身，就是因为它用心浮躁不专一。因此没有专一精诚的精神，就没有清明的智慧；没有坚定不移的行为，就不会有巨大的成就。彷徨于歧路的人到达不了目的地，同时事奉两个君主的人，会被两者不容。眼睛不能同时看清楚两样东西，耳朵不能同时听清楚两种声音。螣蛇没有脚但却能飞，鼫鼠有五种生存技能却常常处于穷境。《诗经》上说："布谷鸟在桑树上筑巢，公平如一地养育它的七只幼鸟。善良的君子们，他们的行为仪态多么坚定专一。坚定专一不偏邪，思想才会如磐石坚。"所以君子要坚定专一啊。

昔者瓠巴鼓瑟而流鱼出听①，伯牙鼓琴而六马仰秣②。故声无小而不闻，行无隐而不形③。玉在山而草木润，渊生珠而崖不枯。为善不积邪，安有不闻者乎？

【注释】

①瓠（hù）巴：与下文的"伯牙"皆是古代传说中善鼓琴瑟者。流鱼：《大戴礼记》作"沉鱼"。

②六马：天子辂车之马。仰秣：形容马仰首而听之状。

③隐：隐蔽。形：有形可见。

【译文】

过去瓠巴鼓瑟，水中的鱼也会浮到水面来听；伯牙鼓琴，六马仰首而听。所以声音不会因为小而不被听见，行为不会因为隐蔽而不被看见。山里有玉，连草木都会润泽；深渊有珠，连崖岸都不会干枯。为善而不积的人有，若积善，哪里有不为人知的道理？

学恶乎始①？恶乎终？曰：其数则始乎诵经②，终乎读礼；其义则始乎为士③，终乎为圣人。真积力久则入，学至乎没而后止也④。故学数有终，若其义则不可须臾舍也。为之，人也；舍之，禽兽也。故《书》者，政事之纪也；《诗》者，中声之所止也⑤；《礼》者，法之大分⑥，类之纲纪也⑦；故学至乎《礼》而止矣！夫是之谓道德之极。《礼》之敬文也⑧，《乐》之中和也，《诗》、《书》之博也，《春秋》之微也，在天地之间者毕矣。

【注释】

①恶（wū）：何处，哪里。

②数：数术，即方法、办法。经：指儒家经典，即《诗》、《书》、《礼》、《乐》、《易》、《春秋》。

③义：意义。与上文的"数"相对为义。士：志道之士。荀书中每以士、君子、圣人为三等。

④没：通"殁"，死。

⑤中声：中和之声。《诗》本是入乐的，故有"中声"之说。止：犹言极也。

⑥大分：大要，要领。

⑦纲纪：事物之纲要。

⑧文：文明，礼仪。所谓"周旋揖让之节，车服等级之文"。

【译文】

学习从哪里开始？在哪里结束？答曰：学习的方法，应当以诵读经文为起始，以研究礼法为目的。学习的意义，以做有志之士为起始，以成为圣人为目标。果真能持久努力不懈就能深入进去，一直到身死才可以停止学习。所以从学习方法上说，诵读经典，是可以中止的，但从学习的意义上说，求为圣人的追求，是片刻都不能停止的。努力学习，就是人；放弃学习，就是禽兽了。《书》是记载古代政治事迹的，《诗》是中和之声的极致，《礼》是法律的根本，是万事万物的纲要。所以学习到了《礼》就达到了最终目的，可称是道德之极境啊！《礼》之敬重文明礼仪，《乐》之中和，《诗》、《书》之广博，《春秋》之精微，将天地间所有的道理都包括进去了。

君子之学也①，入乎耳，箸乎心②，布乎四体，形乎动静。端而言，蠕而动，一可以为法则。小人之学也，入乎耳，出乎口。口耳之间则四寸耳，曷足以美七尺之躯哉！古之学者为己，今之学者为人。君子之学也，以美其身；小人之学也，以为禽犊③。故不问而告谓之傲④，问一而告二谓之囋⑤。傲，非也；囋，非也；君子如向矣⑥。

【注释】

①君子：有德、精进之人。在荀子书中，君子常常与小人相对而言。小人指无德而见利忘义之人。

②箸（zhù）：刻。指心中领会得十分深刻。

③禽犊：赠献之物。这里比喻卖弄。

④傲：急躁。

⑤嘈（zá）：多言，语声繁碎的样子。

⑥向：通"响"，回响。即所谓"善待问者如撞钟，小叩小鸣，大叩大鸣，不叩不鸣"。

【译文】

君子为学，听在耳里，记在心上，外散于身体仪态之中，而表现于一举一动之间。即使是极细小的一言一行，都可以作为人的楷模。小人为学，从耳朵里进，从嘴巴里出，口耳之间不过才四寸，怎么能够对七尺之躯有补益呢！古代的人学习是为了修养自身，现在的人学习则是为了获取其他东西。君子学习，是为了完善身心；小人学习，只是想用所学的东西向他人显示。所以别人不问，你告诉了他，这是急躁，问一而告二，这是啰嗦。急躁是不对的，啰嗦也是不对的。君子当如钟的回响，问什么答什么。

学莫便乎近其人①。《礼》、《乐》法而不说②，《诗》、《书》故而不切③，《春秋》约而不速④。方其人之习君子之说⑤，则尊以遍矣⑥，周于世矣⑦。故曰：学莫便乎近其人。

【注释】

①其人：指通经之士，贤师。

②不说：没有说明、解说。

③故：过去的典故、事情。不切：不切合于时世。

④《春秋》约而不速：《春秋》文辞简约，褒贬难明，所以不能速解。

⑤方：效仿。习：讲习，积贯。

⑥尊以遍：养成崇高的品格，得到全面的知识。

⑦周：周到，通达。

【译文】

为学，没有比亲近贤师更简便的了。《礼》、《乐》有大法但没有详细的解说，《诗》、《书》记载了古代的故实，而未必切于实用，《春秋》文辞简约，意旨遥深而难以速解。效仿贤师而聆听学习君子的学说，就能养成崇高的品格，得到诸经之传，而合于世用。所以说：学习没有比接近贤师更简便的了。

学之经莫速乎好其人①，隆礼次之。上不能好其人，下不能隆礼，安特将学杂识志②，顺《诗》、《书》而已耳，则末世穷年，不免为陋儒而已。将原先王，本仁义，则礼正其经纬蹊径也③。若挈裘领，诎五指而顿之④，顺者不可胜数也。不道礼宪⑤，以《诗》、《书》为之，譬之犹以指测河也，以戈舂黍也，以锥餐壶也⑥，不可以得之矣。故隆礼，虽未明，法士也⑦；不隆礼，虽察辩⑧，散儒也⑨。

【注释】

①经：通"径"，道也。

②安：此处解作"则"。特：但也。杂：指杂记之书、
　　百家之说。识志：都是记的意思。
③经纬蹊径：纵横道路。
④诎：同"屈"。顿：抖动而使整齐。
⑤道：由。礼宪：礼法。
⑥壶：古代储饭的器皿。
⑦法士：守礼法之士。
⑧察辩：明察善辩。
⑨散儒：不守礼法的儒士。

【译文】

　　为学的要道，没有比亲近贤师更直接快速的了，其次
才是遵守礼法。如果不能师法有道君子，又不能尊崇礼法，
而只是学习、杂记百家之说，记诵一些《诗》、《书》的条
文，那么就算学到老，也不免只是浅薄之陋儒而已。如果
能溯源先王之道，推究仁义之本，那么学习礼就是其正途
了。这就好像用手握住皮衣的领子，用力抖动，皮衣的毛
自然都顺了。若不由礼法，而只致力于《诗》、《书》，就无
异于用手指测河，用戈戟舂米，用锥子进食，是不可能达
到目的的。所以，尊崇礼法，即使不十分明察善辩，也不
失为守法之士；不尊崇礼法，即使聪明善辩，终究也是不
守礼法的儒士。

　　问楛者勿告也①，告楛者勿问也，说楛者勿听
也，有争气者勿与辩也。故必由其道至，然后接
之，非其道则避之。故礼恭而后可与言道之方②；

辞顺而后可与言道之理；色从而后可与言道之致。故未可与言而言谓之傲，可与言而不言谓之隐，不观气色而言谓之瞽③。故君子不傲，不隐，不瞽，谨顺其身。《诗》曰："匪交匪舒，天子所予④。"此之谓也。

【注释】

①楛（kǔ）：恶也。荀子这里说的"恶"指的是与礼无关者。

②方：术，方法。

③瞽（gǔ）：盲人。

④"匪交匪舒"两句：此引诗出自《诗经·小雅·采菽》，为天子答诸侯诗。匪，非。交，急迫。舒，缓慢。

【译文】

凡所问非关礼者，不必告诉他。所告非关礼者，不要再去多问。有人说到与礼无关的事，也不必听。有意气求胜而无益者，不要同他辩论。所以抱着求道之心而来的，才能与之交往，不是为求道的就回避他。礼貌谦恭的，才可以告诉他达道的方法；言辞和顺的，才可以告诉他道的理论；脸色表现出从善之诚意的，才可以和他谈道的极致。不可以和他说却和他说叫急躁，可以同他说却不同他说叫隐瞒，不看脸色而说叫盲目。所以君子不急躁、不隐瞒、不盲目，顺其人之可与言否，小心谨慎地言说。《诗经》说："不急迫，不缓慢，就会受到天子的赏赐。"说的就是这个意思。

百发失一，不足谓善射。千里跬步不至，不足谓善御。伦类不通，仁义不一①，不足谓善学。学也者，固学一之也。一出焉，一入焉，涂巷之人也②。其善者少，不善者多，桀、纣、盗跖也③。全之尽之，然后学者也。君子知夫不全不粹之不足以为美也，故诵数以贯之④，思索以通之，为其人以处之，除其害者以持养之，使目非是无欲见也，使耳非是无欲闻也，使口非是无欲言也，使心非是无欲虑也。及至其致好之也，目好之五色，耳好之五声，口好之五味，心利之有天下⑤。是故权利不能倾也，群众不能移也，天下不能荡也。生乎由是，死乎由是，夫是之谓德操⑥。德操然后能定，能定然后能应。能定能应，夫是之谓成人⑦。天见其明，地见其光，君子贵其全也。

【注释】

①一：纯一，专一。

②涂：同"途"，道路。

③桀：夏朝最后一个君主。纣：商朝最后一个君主。都是荒淫无道之主。跖（zhí）：传说春秋末年的一个大盗。

④诵数：诵说。这里指只能诵说其文，不能通知其义。

⑤"目好之五色"四句：这几句中的"之"都作"于"解，表示胜于的意思。

⑥德操：守道不变之情操。

⑦成人：即前文所言"全之尽之"之学者。

【译文】

射一百支箭，有一支没射中就不能叫善射。驾车行千里，而差半步不到，就不能叫善御。学者为学，而不能尽知其伦类，不能专一于仁义，就不能叫善学。学，就是求其专一。一会儿出、一会儿进，那就不过是一般人了。从善者少，从不善者多，就是桀、纣、盗跖之流了。完全、彻底地学善，才可以称得上是学者。君子知道不全不纯不足以为美，所以诵说经典，以求贯穿其大义，研读思索以求其精旨，设身处地，以古人所做的事情为楷模，而求其所处之法，根除一切害道之事，以保持学之所得。使眼睛非所学不想看，耳朵非所学不想听，嘴巴非所学不想说，心非所学不愿意想。等到喜爱到顶点的时候，耳不好五声，所好远甚于五声，眼不好五色，所好远甚于五色，口不好五味，所好远甚于五味，心中所好，则远甚于拥有天下。因此权力和利益不能打动他，众人不能改变他，天下之大也不足以动摇他的心志。生执于此，死由于此，这就叫道德操守。有德操就有定力，有定力才能应变外来事物。内有定，外有应，才可称为全人。天之所贵在其大，地之所贵在其广，君子所贵就在其全啊。

修　身

　　这是一篇专门论述修身之道，即如何进行道德修养以及最后所达到境界的文章。

　　文章首先指出，修身养性是一件关系到个人安危、国家存亡的大事。然后指出，君子有所谓“遍善之度”，即无往而不善之道，用此可治气养心，可修身自强，其功堪称重大。这“遍善之度”就是礼。在谈到具体的修养方法时，文章指出修身养心之术，“莫径由礼，莫要得师，莫神一好”，强调了礼的正身作用与师的正礼作用在修身中的重要地位，以及坚持不懈、用心专一的重要性。最后指出，具备了道德修养的人，就能够做到骄富贵、重道义、轻王公，走遍天下而受人尊敬，并获得上天的福佑。

见善，修然必以自存也①；见不善，愀然必以自省也②。善在身，介然必以自好也③；不善在身，菑然必以自恶也④。故非我而当者，吾师也；是我而当者，吾友也；谄谀我者，吾贼也⑤。故君子隆师而亲友，以致恶其贼。好善无厌，受谏而能诫，虽欲无进，得乎哉！小人反是，致乱而恶人之非己也，致不肖而欲人之贤己也，心如虎狼、行如禽兽而又恶人之贼己也。谄谀者亲，谏争者疏，修正为笑，至忠为贼，虽欲无灭亡，得乎哉！《诗》曰："噏噏呰呰，亦孔之哀。谋之其臧，则具是违；谋之不臧，则具是依⑥。"此之谓也。

【注释】

①修然：整饬的样子。存：察，审查。

②愀（qiǎo）然：忧惧的样子。

③介然：坚固的样子。

④菑然：意思是如同有灾害在身。菑，同"灾"。

⑤贼：害。

⑥"噏噏（xī）呰呰（zǐ）"六句：此诗引自《诗经·小雅·小旻》。噏噏，附和的样子。呰呰，诋毁、诽谤的样子。呰，同"訾"。孔，很，十分。臧（zāng），好，善。具，俱，都。

【译文】

见有善行，一定要恭谨自查，自己是否也有此善行；见到不善的行为，一定要惊心警惕，反省自己是否也有此不善。自己身上的善，一定要固守；身上的不善，一定要畏恶它如同灾祸。所以批评我而所言恰当的人，是我的老师；赞誉我而所言恰当的人，是我的朋友；献媚阿谀我的人，是害我的谗贼。所以君子尊崇老师而亲近朋友，对于谗贼则深恶痛绝。爱好善而永不知足，听到规谏而能戒惕，即使想不长进也做不到啊！小人正好相反，极为悖乱而厌恶别人批评自己，极为不肖却希望别人认为他贤能，心像虎狼一样，行如禽兽一般，却厌恶别人视他为谗贼。亲近阿谀奉承之辈，疏远直言相谏者，把修正规劝的行为视为讥笑，把直谏忠诚的人视为谗贼，这样的人想不灭亡也做不到啊！《诗经》说："同那些阿谀之徒一拍即合，对那些谏诤者厌恶诋毁，这是多么可悲啊！好的意见统统不听，不好的意见却全部听从。"说的就是这种人。

扁善之度^①，以治气养生则后彭祖^②；以修身自名则配尧、禹。宜于时通，利以处穷^③，礼信是也。凡用血气、志意、知虑，由礼则治通，不由礼则勃乱提僈^④；食饮、衣服、居处、动静，由礼则和节^⑤，不由礼则触陷生疾^⑥；容貌、态度、进退、趋行，由礼则雅，不由礼则夷固僻违、庸众而野^⑦。故人无礼则不生，事无礼则不成，国家无礼则不宁。《诗》曰："礼仪卒度，笑语卒获^⑧。"此之谓也。

【注释】

①扁善：无往而不善的法则。扁，通"遍"。度：道。

②后：这里是追随的意思。彭祖：传说中的老寿星，年八百岁。

③穷：困境。

④勃乱：昏乱。勃，通"悖"。提僈：松弛缓慢。

⑤由：遵循。和节：合适，协调。

⑥触陷生疾：意思是一举一动都会发生毛病。

⑦夷固：傲慢。僻违：偏邪不正。

⑧"礼仪卒度"两句：此诗引自《诗经·小雅·楚茨》。卒，尽，完全。获，得当。

【译文】

君子有无往而不善之道，用它来治气养生，则寿命可追随彭祖；用它来修养品德，那名声就可同尧、禹相比。既适宜于通达之时，也适宜于窘困之时的，只有礼和信。大凡血气、志意、思虑，依礼就和谐通畅，不依礼则悖乱弛怠；饮食起居、言谈举止，依礼行事就得体合适，不依礼则一举一动都会发生毛病。容貌、仪态、进退、疾走、慢行，有礼就雍容儒雅，无礼则倨傲偏邪、庸俗粗野。所以人不守礼就没法生存，做事没有礼就不能成功，国家没有礼则不安宁。《诗经》说："礼仪如果完全合乎法度，言谈笑语就会得当。"说的就是这个意思。

以善先人者谓之教，以善和人者谓之顺①；以不善先人者谓之谄，以不善和人者谓之谀。是是、非非谓之知②，非是、是非谓之愚。伤良曰谗③，害良曰贼。是谓是，非谓非曰直。窃货曰盗，匿行曰诈，易言曰诞④，趣舍无定谓之无常⑤，保利弃义谓之至贼。多闻曰博，少闻曰浅；多见曰闲⑥，少见曰陋。难进曰偍⑦，易忘曰漏。少而理曰治，多而乱曰秏⑧。

【注释】

①和：附和，响应。

②是是、非非：意思是能辨别是非。是，正确的。非，错误的。这里的第一个"是"和"非"作动词用，表示肯定和否定的意思。

③谗：用言语陷害人、攻击人。

④易言：轻易说话，说话轻率。

⑤趣舍：取舍。趣，通"取"。

⑥闲：娴雅。

⑦偍（tí）：迟缓。

⑧秏（mào）：通"眊"，昏乱。

【译文】

用善引导人的是教诲，用善响应人的是和顺；用不善引导人的是谄佞，用不善附和人的是阿谀。能辨别正确的为正确、错误的为错误叫做明智，认正确的为错误、错误的为正确叫做愚昧。伤害好人叫做陷害，陷害好人叫做奸贼。坚持对的就是对的、错的就是错的是正直。偷东西的是盗贼，隐瞒自己行为的是欺诈，轻率乱言的是放诞。取舍没有定准的叫做无常，为了利益放弃道义的叫做至贼。多闻者为广博，少闻者为浅陋；多见者则娴雅，少见者则孤陋。进展艰难叫做迟缓，容易忘记叫做疏漏。遇事能举其要而有条理叫做治，多而杂乱叫做耗。

治气养心之术：血气刚强，则柔之以调和①；知虑渐深，则一之以易良②；勇胆猛戾③，则辅之以道顺④；齐给便利⑤，则节之以动止；狭隘褊小⑥，则廓之以广大⑦；卑湿、重迟、贪利⑧，则抗之以高志⑨；庸众驽散，则劫之以师友⑩；怠慢僄弃⑪，则炤之以祸灾⑫；愚款端悫⑬，则合之以礼乐，通之以思索。凡治气养心之术，莫径由礼，莫要得师，莫神一好⑭。夫是之谓治气养心之术也。

【注释】

①调和：调试和平。

②易良：平易温良。

③猛戾：乖戾，乖张。

④道顺：导训。道，引导。顺，通“训”。

⑤齐给便利：都是快捷、不慎重的意思。

⑥褊（biǎn）小：心胸狭小。

⑦廓：开阔。

⑧卑湿：志意卑下。重迟：迟缓。

⑨抗：举。

⑩劫：夺去。指用师友去其旧性。

⑪僄（piào）：轻薄。弃：自暴自弃。

⑫炤：同“照”，明显告之的意思。

⑬愚款：单纯朴实。款，诚款。端悫（què）：端正朴
　　实。悫，朴实，谨慎。

⑭一：并一不二。在荀子的思想中，"一"通常指专一好
　　礼，认为专一好礼则可以通于神明，达到神化之境。

【译文】

　　调理性情、修养身心的办法是：血气刚强的人，就用
心平气和来调和他；思虑过于深沉复杂的人，就用平易温
良来和谐他；性情勇猛暴躁的人，就开导他，使其驯顺；
行动快捷急遽的人，就用恰当的举止节制他；气量狭隘的
人，就用开阔的思想扩大他；志向卑下、思想迟钝、贪图
小利的人，就用高远的志向提升他；低劣平庸不成材的人，
就用良师益友帮助他；懒散轻浮、自暴自弃的人，就用祸
福之事来告诫他；过分朴实单纯的人，就用礼乐来润色他。
大凡调理性情、修养身心，最直接的途径是按照礼去做，
最关键的是得到好的老师，最能发生神妙作用的是专心致
志。这就是调理性情、修养身心的办法了。

　　志意修则骄富贵①，道义重则轻王公，内省而外
物轻矣。传曰②："君子役物，小人役于物。"此之谓
矣。身劳而心安，为之；利少而义多，为之。事乱
君而通③，不如事穷君而顺焉④。故良农不为水旱不
耕，良贾不为折阅不市⑤，士君子不为贫穷怠乎道。

【注释】

　　①志意：志向。修：荀子书中常用语，表示修正、修

　　炼、美好。

②传：古书所传之言。先秦典籍中常用"传曰"表示
　　引用古代的话。

③乱君：大国暴乱之君。

④穷君：小国窘迫之君。顺：顺利。这里指顺行道义。

⑤折阅：亏损出售。折，亏损。阅，卖。

【译文】

　　志意修炼就会傲视富贵，崇尚道义就会藐视王侯，自思无所愧疚就不会为外物所动。古书上说："君子役使外物，小人为外物所支配。"说的就是这个意思。身体虽然辛苦但心安理得，就去做；利益少而多合乎道义，就去做；侍奉上国暴君而显达，不如侍奉能顺道而行的窘迫小国之君。所以好的农夫不会因为洪涝、干旱之灾而不耕田，好的商人不会因为亏损而不做生意，士君子不会因为贫穷而懈怠于道。

　　体恭敬而心忠信，术礼义而情爱人①，横行天下②，虽困四夷，人莫不贵。劳苦之事则争先，饶乐之事则能让③，端悫诚信，拘守而详④，横行天下，虽困四夷，人莫不任。体倨固而心势诈⑤，术顺、墨而精杂污⑥，横行天下，虽达四方，人莫不贱。劳苦之事则偷儒转脱⑦，饶乐之事则佞兑而不曲⑧，辟违而不悫⑨，程役而不录⑩，横行天下，虽达四方，人莫不弃。

【注释】

①术：法，遵行。爱人：仁爱。人，通"仁"。

②横行：广行。

③饶乐：富足，享乐。

④拘守而详：谨守法度、明察事理。

⑤倨：傲。固：固陋。

⑥顺、墨：当作"慎、墨"。慎，慎到，战国思想家，其学说本黄老、归刑名，"尚法"、"重势"。墨，墨翟，战国墨家学说创始人，提倡节俭。精：当作"情"，性情。杂污：肮脏。这里指非礼义之言。

⑦偷儒：苟且懒惰怕事。偷，偷懒。儒，懦弱。转脱：婉转推脱。

⑧佞兑：口才捷利。兑，通"锐"，行动快、疾。不曲：直取之，指毫不谦让。

⑨辟违：邪恶。辟，邪僻。

⑩程役：通"逞欲"。录：通"逮"，谨慎。

【译文】

体貌恭敬而内心忠信，遵循礼义而内心仁爱，那么走遍天下，即使不受重用而困于四夷之地，人们也没有不敬重他的。劳累辛苦的事则抢先去做，安逸享乐的事则让给别人，端正朴实、诚实守信，谨守法度、明察事理，那么走遍天下，即使遭受穷困到了四夷之地，也不会没有人任用他。体貌倨傲而内心权诈，遵循慎到、墨子的学说而内心杂乱污浊，那么走遍天下，即使到处通达，人们也没有不轻视他的。劳苦的事就懒惰推脱，享乐的事就身手敏捷毫不谦让，僻邪而无诚信，一味追求自己的私欲而不知谨慎，那么走遍天下，即使到处通达，人们也没有不鄙弃他的。

行而供翼^①，非渍淖也^②；行而俯项^③，非击戾也^④；偶视而先俯^⑤，非恐惧也。然夫士欲独修其身，不以得罪于比俗之人也^⑥。

【注释】

①供：通"恭"，恭敬。翼：敬。

②渍淖（nào）：陷在烂泥里。淖，烂泥。

③俯项：低头。

④击戾：碰撞着东西。

⑤偶视：两人同视，对视。

⑥比俗之人：普通人。

【译文】

行走时恭敬小心，不是因为害怕陷在烂泥里；走路时低头，不是因为害怕撞上东西；两人对视，先俯身行礼，并不是惧怕对方。这乃是因为君子想要修养自身的品德，不想因为这个得罪于世俗之人。

夫骥一日而千里，驽马十驾则亦及之矣。将以穷无穷逐无极与？其折骨绝筋，终身不可以相及也；将有所止之^①，则千里虽远，亦或迟或速、或先或后，胡为乎其不可以相及也？不识步道者^②，将以穷无穷逐无极与？意亦有所止之与③？夫"坚白"、"同异"、"有厚无厚"之察④，非不察也，然而君子不辩，止之也。倚魁之行⑤，非不难也，然而君子不行，止之也。故学曰⑥："迟彼止而待我⑦，我行而就之，则亦或迟、或速、或先、或后，胡为乎其不可以同至也？"故跬步而不休，跛鳖千里；累土而不辍，丘山崇成⑧。厌其源⑨，开其渎⑩，江河可竭；一进一退，一左一右，六骥不致。彼人之才性之相县也⑪，岂若跛鳖之与六骥足哉？然而跛鳖致之，六骥不致，是无它故焉，或为之，或不为尔！道虽迩，不行不至；事虽小，不为不成。其为人也多暇日者⑫，其出入不远矣⑬。

【注释】

①止：终点，目的，止境。在儒家经典中，"止"字有特别的含义，指全身心专注追求的目标，比如射箭，其所射的箭靶就是"止"。所谓"止于至善"、"学之止"等都可从这一意义上理解。

②步道：道路。

③意：通"抑"，抑或。

④坚白、同异：指战国名家惠施、公孙龙的学说，有坚石非石，白马非马，同者异、异者同等命题。有厚无厚：也是惠施的理论，讲空间上的无限性问题。一说这是春秋邓析提出的一个命题。

⑤倚魁：怪诞骇俗之行。倚，读作"奇"。魁，大。

⑥学曰：学者相传之言。

⑦迟彼止而待我：此处疑有脱文，姑且遵一般看法进行解释。迟，待。

⑧崇：通"终"，最终。

⑨厌：塞。

⑩渎：沟渠。

⑪县：同"悬"，悬殊。

⑫多暇日：指怠惰。

⑬出入：意思难通，依王念孙解作"出人"。

【译文】

良马一天走一千里的路程，劣马走十天也能达到。想要走完无穷之路，追逐没有终点的所在吗？这样的话，即使走到骨折筋断，一辈子也无法到达；如果有止境有目的，那么千里虽远，也只是或慢或快，或前或后的问题，怎么可能走不到呢？不认识道路的人，是去走那无穷之路，追逐没有终点的所在呢？还是有所止境？"坚白"、"同异"、"有厚无厚"的辩说，不能说不精察，然而君子不去争论，因为君子有自己追求的目标。怪诞骇俗的行为，不是不难做，但是君子不做，因为君子有自己追求的目标。所以古语相传，学习好比行路。得路之人，在前面等着我，我便努力地追赶上去，那么或早或晚、或先或后，怎么会不到达同一个地方呢？所以一步一步不停地走，即使是跛足的鳖，也可以抵达千里；一层一层积累不停，平地最终也能变山丘。堵塞住源头，开通沟渠，江河也会枯竭。一会儿前进，一会儿后退，一会儿左一会儿右，六骥也到达不了远处。人和人之间才性的差异，哪里会有跛鳖和六骥的差异那么大！然而跛鳖能够到达，六骥不能到达，这并没有其他的原因，只是因为有的做，有的不做啊！道路虽近，不走就不可能到达；事情虽小，不做就不会成功。那些整日游手好闲的人，他的成就就不会超出常人多远了。

好法而行①，士也；笃志而体②，君子也；齐明而不竭③，圣人也。人无法，则伥伥然④；有法而无志其义，则渠渠然⑤；依乎法而又深其类⑥，然后温温然⑦。

【注释】

①法：礼法。

②笃：坚定。体：实行。

③齐明：这里指智虑敏捷。

④伥伥然：无所适从的样子。

⑤渠渠然：无守、局促不安的样子。

⑥深：深知。类：统类，指能按礼法去类推、掌握各种事物。

⑦温温然：润泽之貌。这里指优游不迫。

【译文】

爱好礼法而能依其行事的，是士；志向坚定而能身体力行的，是君子；智虑敏捷而不枯竭的，则是圣人。人没有礼法，则无所适从；有法而不知其深义，则茫然无所遵从；依据礼法，又能深明其统类，然后才能优游不迫啊。

礼者，所以正身也；师者，所以正礼也。无礼，何以正身？无师，吾安知礼之为是也？礼然而然，则是情安礼也^①；师云而云，则是知若师也。情安礼，知若师，则是圣人也。故非礼，是无法也；非师，是无师也。不是师法而好自用，譬之是犹以盲辨色，以聋辨声也，舍乱妄无为也^②。故学也者，礼法也。夫师，以身为正仪而贵自安者也^③。《诗》云："不识不知，顺帝之则^④。"此之谓也。

【注释】

①情安礼：意思是，好像天性所安，不是后天学的。

②舍：除了。乱妄：悖乱狂妄。

③正仪：正确的标准，即典范、表率。自安：自己安心于此。

④"不识不知"两句：此处引诗见于《诗经·大雅·皇矣》。帝，老天。

【译文】

礼，是用来端正身心的；老师，是用来端正礼法的。没有礼，用什么来修正自己的行为？没有老师，我怎么知道礼是这样的？礼是怎样规定的就怎样做，这就是天性安于礼；老师怎样说就怎样做，这就是智慧同老师一样。能做到情安于礼，智慧如同老师，这就是圣人。所以，违背礼，就是不以法度为法度；违背老师，就是不以老师为老师。不遵照师法的教导和规定去做，而喜欢自行其是，这就好像让瞎子辨别颜色，让聋子辨别声音，除了悖乱狂妄之事，干不出别的了。所以学习的根本之处，在于礼法。至于老师，则是以其言行来给人们做表率的，最为可贵的是教人们安心这样去做。《诗经》上说："不知道为什么要这样做，然而它是符合老天的自然法则的。"说的就是这个意思。

端悫顺弟①，则可谓善少者矣；加好学逊敏焉②，则有钧无上③，可以为君子者矣。偷儒惮事，无廉耻而嗜乎饮食，则可谓恶少者矣；加惕悍而不顺④，险贼而不弟焉，则可谓不详少者矣⑤，虽陷刑戮可也。老老而壮者归焉⑥，不穷穷而通者积焉⑦，行乎冥冥而施乎无报⑧，而贤不肖一焉。人有此三行，虽有大过，天其不遂乎！

【注释】

①顺弟：逊顺孝悌，尊敬长者。顺，依顺。弟，同"悌"。

②逊敏：谦逊敏捷。

③钧：通"均"，相等。

④惕悍：放荡凶悍。惕，同"荡"。

⑤详：通"祥"，吉利。

⑥老老：以老者之礼敬老。

⑦穷穷：逼迫穷境之人。这里的第一个"老"、"穷"都做动词用。通：贤能的人。

⑧行乎冥冥：意思是行事不务求人知。

【译文】

端正朴实，尊重长者，可说是好青年啊；如果再加以谦虚勤学，那就只有与他平等的人，而没有能超过他的人了，他就可以成为君子了。怠惰苟且，胆小怕事，没有廉耻而又好吃懒做，可说是坏青年了；加之放荡凶悍不逊顺，阴险害人而不尊敬长者，那就是不吉利的人了，即使遭到刑罚杀戮也是应该的。尊敬长者，壮年人就会归附他；不轻视逼迫处境窘迫的人，那么贤能的人都会聚集过来；做了好事不求人知，对人施恩也不求报答，这样无论是贤人还是不肖之徒都会慕名而来亲附他。人有以上三种品行，纵是遇上大祸，老天爷也不会让他陷于祸患。

君子之求利也略①，其远害也早，其避辱也惧，其行道理也勇。君子贫穷而志广，富贵而体恭，安燕而血气不惰②，劳倦而容貌不枯③，怒不过夺，喜不过予。君子贫穷而志广，隆仁也④；富贵而体恭，杀势也⑤；安燕而血气不衰，柬理也⑥；劳倦而容貌不枯，好文也⑦；怒不过夺，喜不过予，是法胜私也。《书》曰⑧："无有作好，遵王之道。无有作恶，遵王之路⑨。"此言君子之能以公义胜私欲也。

【注释】
①略：疏略，不斤斤计较。
②安燕：安闲，闲居。
③倦：疲劳，疲倦。枯：通"楛"，苟且，随便。

④隆：尊重。

⑤杀（shài）势：不以势欺人。杀，减弱。

⑥柬：挑选，选择。理：礼。

⑦好文：指注重礼仪。文，原文作"交"，因形近而误，依上下文义改，礼仪，文明。

⑧《书》：指《尚书》。

⑨"无有作好"四句：此处所引见《尚书·洪范》。作好，个人的喜好。作恶，个人的憎恶。道，路。这里指先王制定的礼仪。

【译文】

君子对于谋求私利很不在意，对于祸害早早远离，对于耻辱警惕而回避，对于道义所在，又用勇毅去担当。君子贫穷却志向广大，富贵却恭敬有礼，安闲的时候血气不懈怠，劳倦的时候容色不轻慢随便，发怒的时候不过分处罚，高兴的时候不过分赏赐。贫穷而志向广大，是因为尊崇仁爱；富贵而恭敬有礼，是不以势骄人；安闲的时候血气不懈怠，是按照礼仪所宜去做；劳倦的时候容色不轻慢随便，是注重礼仪；生气的时候不过分处罚，高兴的时候不过分赏赐，是能以礼法克制私意。《尚书》说："不要凭着个人的喜好办事，要遵照先王的正道去做。不要凭着个人的憎恶办事，要遵照先王的礼仪去做。"这是说君子能用公义战胜私意了。

非　相

　　此篇内容分三个部分。第一部分举出种种实例批判相人之术，认为人之吉凶与否并不在于长相的长短、小大、善恶，而在于能否遵守等级名分，此即所谓"相形不如论心，论心不如择术"之义。第二部分阐述了"法后王"的思想，对当时社会"舍后王而道上古"的主张提出了批判，认为上古圣王的事迹、"文久而灭，节族久而绝"，所以欲观圣王之迹，则只有"于其粲然者"，即后王处才能得到，否则就如同"舍己之君，而事人之君也"。第三部分说明了辩说的重要性和方法。

　　文章以《非相》为题，旨在批判迷信的相人之术，但后两部分却与篇题无关。或以为是《荣辱》之错简。但由于此篇文采斐然，"法后王"一段论述极其透彻，又代表了荀子思想中非常重要的一部分，故全文选录。

相人，古之人无有也，学者不道也。

【译文】

看相，古代的人不做这样的事，有知识的人也不屑说这些事。

古者有姑布子卿①，今之世，梁有唐举②，相人之形状颜色而知其吉凶妖祥，世俗称之。古之人无有也，学者不道也。故相形不如论心，论心不如择术③。形不胜心，心不胜术。术正而心顺之，则形相虽恶而心术善，无害为君子也；形相虽善而心术恶，无害为小人也。君子之谓吉，小人之谓凶。故长短、小大，善恶形相，非吉凶也。古之人无有也，学者不道也。

【注释】

①姑布子卿：春秋郑国人，曾为孔子和赵襄子看过相。
②唐举：战国时相士，曾为李兑和蔡泽看过相。
③论心：研究人的思想。论，考察。术：方法，道路，指所行所学而言。

【译文】

古代有一个姑布子卿，现在梁国有一个唐举，能根据人的容貌、气色而预知人的吉凶祸福，社会上一般人都称赞他们的相术。但古代的人是不做这样的事的，有知识的人也不屑说这些事。所以相人的形貌不如观察人的立心，观察他的立心不如研究他的所行所学。相貌不能决定人的内心，而内心又受到所行所学的影响。所学所行正，心也顺着它，那么形貌虽然丑恶心术也会善，不妨碍成为君子。所学所行不正，那么形貌虽好心术也会恶，终究还是小人。做君子就会吉祥，做小人则不吉祥。所以外形的高或低、魁梧或瘦小、丑陋或漂亮，不能决定吉凶。古代的人不做这样的事，有知识的人也不屑说这些事。

　　盖帝尧长①，帝舜短，文王长，周公短，仲尼长②，子弓短③。昔者卫灵公有臣曰公孙吕④，身长七尺，面长三尺，焉广三寸⑤，鼻目耳具⑥，而名动天下。楚之孙叔敖⑦，期思之鄙人也⑧，突秃长左⑨，轩较之下⑩，而以楚霸。叶公子高⑪，微小短瘠⑫，行若将不胜其衣。然白公之乱也⑬，令尹子西、司马子期⑭，皆死焉；叶公子高入据楚，诛白公，定楚国，如反手尔，仁义功名善于后世。故事不揣长⑮，不楑大⑯，不权轻重，亦将志乎尔。长短、小大、美恶形相，岂论也哉！

【注释】

①盖：发语词。

②仲尼：孔子的字。

③子弓：一说为孔子的学生仲弓；一说为馯臂子弓，传《易》者，荀子之师。

④卫灵公：春秋时卫国的国君，历史上著名的荒淫无

道之君。公孙吕：人名，事迹不详。

⑤焉：通"颜"。这里指额。

⑥具：完备，齐全。这里指鼻耳目都有，但相去甚远，所以为异。

⑦孙叔敖：春秋时楚庄王的宰相。

⑧期思：地名，楚国之邑。鄙人：郊野之人。

⑨突秃：头秃发少。长左：左手长。

⑩轩较之下：指个子矮小。轩，古代车前的直木。较，古代车前的横木。

⑪叶公子高：楚大夫沈诸梁。

⑫微小短瘠：形容个子矮小瘦弱。

⑬白公之乱：事见《左传·哀公十六年》。白公，名胜，楚平王的孙子。

⑭令尹：官名。子西：平王长庶子，公子申。司马：官名。子期：平王子，公子结。

⑮事：通"士"。揣：测度。

⑯揳（xié）：比较，估量。

【译文】

帝尧身材高大，帝舜身材矮小，周文王身材高大，周公身材矮小，孔子身材高大，子弓身材矮小。从前，卫灵公有个大臣叫公孙吕，身高七尺，脸长得很狭长，有三尺，额头宽三寸，鼻眼耳朵虽然都有，却相去甚远，但他的名声却震动了天下。楚国的孙叔敖，是期思这个地方的粗人，头秃发少，左手比右手长，身高不及车前的横木，却使楚国称霸于诸侯。楚国大夫叶公子高，长得又瘦又小，走起路来好像连衣服也撑不起来，然而白公之乱，令尹子西、司马子期都死于其中，叶公子高却引兵入楚，诛杀了白公，安定了楚国，行事如翻过手掌一样轻松自如，他的仁爱和功名，远扬于后世。所以，对于士，不要只去看他的高矮、壮弱、轻重，而要看他的志气如何。高矮大小、外形体貌的美丑，难道值得一谈吗？

且徐偃王之状①，目可瞻焉；仲尼之状，面如蒙倛②；周公之状，身如断菑③；皋陶之状④，色如削瓜；闳夭之状⑤，面无见肤；傅说之状⑥，身如植鳍⑦；伊尹之状⑧，面无须麋⑨。禹跳，汤偏。尧、舜参牟子⑩。从者将论志意⑪，比类文学邪？直将差长短，辨美恶，而相欺傲邪？

【注释】

①徐偃王：西周时徐国国君。传说其目只能仰视，可以看到自己的额头，但却不能俯视。

②倛（qī）：古代打鬼驱疫时戴的面具。这里指孔子的长相很凶。

③菑（zì）：立着的枯树。

④皋陶（yáo）：上古人名，相传是舜的司法官。

⑤闳（hóng）夭：周文王的大臣，曾设计使纣释放了囚于羑里的文王，后来辅佐武王灭纣。

⑥傅说（yuè）：人名，曾是为人筑墙的工匠，后为殷王武丁的大臣。

⑦身如植鳍（qí）：身上好像长了鱼鳍一样。这里指驼背。

⑧伊尹：商汤王的大臣。

⑨须麋：同"须眉"，即胡子眉毛。

⑩参：相参。这里指有两个瞳仁。牟：通"眸"。这里指瞳仁。

⑪从者：指荀况的学生。一说指"学者"。

【译文】

况且，徐偃王的眼睛只能朝上看不能朝下看；孔子脸长得如傩神；周公瘦得好像立着的枯树干；皋陶脸色青绿，如同削去皮的瓜；闳夭满脸胡须，见不到皮肤；傅说是个驼背；伊尹脸上没有胡须眉毛。禹瘸着走路，汤半身不遂，尧和舜都有两个瞳仁。你们是论意志，比学识呢？还是比高矮，看美丑，互相欺骗、互相傲视呢？

古者桀、纣长巨姣美，天下之杰也，筋力越劲，百人之敌也。然而身死国亡，为天下大僇①，后世言恶则必稽焉②。是非容貌之患也，闻见之不众，论议之卑尔。

【注释】

①僇（lù）：耻辱。

②稽：考察，指以之为借鉴。

【译文】

古时候的桀和纣，身材高大俊美，是天下相貌超群的人物，身手敏捷有力，能抵御百人。然而最后落得身死国亡，为天下人羞辱，后代的人谈到恶人，一定要以他们为例。这不是容貌带来的祸患，而是由于他们见识浅陋，思想境界卑下造成的。

今世俗之乱君，乡曲之儇子①，莫不美丽姚冶，奇衣妇饰，血气态度拟于女子；妇人莫不愿得以为夫，处女莫不愿得以为士，弃其亲家而欲奔之者，比肩并起。然而中君羞以为臣，中父羞以为子，中兄羞以为弟，中人羞以为友，俄则束乎有司而戮乎大市②，莫不呼天啼哭，苦伤其今而后悔其始，是非容貌之患也，闻见之不众，论议之卑尔！然则从者将孰可也？

【注释】

①儇（xuān）子：轻薄巧慧的男子。

②俄：不久，一会儿。这里指有朝一日。束乎有司：被司法机关逮捕。

【译文】

如今世俗不安分的乱民，乡村中的轻薄子，个个都美丽妖艳，穿着奇装异服，打扮如女人一般，性格态度柔弱也似女人；妇女们没有不想找他们做丈夫的，姑娘没有不想找他们做未婚夫的，抛弃自己的家庭而与之私奔的，一个接一个。然而为君的却羞于让这样的人成为自己的臣下，为父的却羞于让这样的人成为自己的儿子，为兄的却羞于让这样的人成为自己的弟弟，一般人却羞于以这种人为朋友，有朝一日，这种人就会被官府囚禁，在闹市中被处死，个个哭叫连天，悲痛今日，而后悔当初。这并不是容貌造成的祸患，而是由于他们见识浅陋，思想境界卑下造成的。那么你们认为怎样做才是对的呢？

　　人有三不祥：幼而不肯事长，贱而不肯事贵，不肖而不肯事贤，是人之三不祥也。人有三必穷：为上则不能爱下，为下则好非其上，是人之一必穷也；乡则不若①，偝则谩之②，是人之二必穷也；知行浅薄，曲直有以相县矣③，然而仁人不能推，知士不能明，是人之三必穷也。人有此三数行者，以为上则必危，为下则必灭。《诗》曰："雨雪瀌瀌，宴然聿消。莫肯下隧，式居屡骄④。"此之谓也。

【译文】

　　人有三件不祥之事：年轻而不肯侍奉年长的，地位低而不肯侍奉地位高的，才智驽钝而不肯侍奉贤能之士，这是人的三种不祥。人在三种情况下一定会处于困境：做君主的不爱护臣下，做臣子的喜欢非难君主，这是第一种情况；当面不顺从，背后毁谤别人，这是第二种情况；知识品行浅薄，才能又与贤人差得很远，却又不能推举仁人、尊崇智士，这是第三种情况。人如果有这三种情况所说的种种行为，做君主就一定会危险，做臣子就一定会灭亡。《诗经》上说："大雪纷纷扬扬地下，太阳出来一照就融化了。可是有人却不从位置上退下，反而占据着高位，傲视别人。"说的就是这种情况。

人之所以为人者，何已也①？曰：以其有辨也②。饥而欲食，寒而欲暖，劳而欲息，好利而恶害，是人之所生而有也，是无待而然者也③，是禹、桀之所同也。然则人之所以为人者，非特以二足而无毛也，以其有辨也。今夫狌狌形笑④，亦二足而无毛也，然而君子啜其羹，食其胾⑤。故人之所以为人者，非特以其二足而无毛也，以其有辨也。夫禽兽有父子而无父子之亲，有牝牡而无男女之别⑥。故人道莫不有辨。

【注释】

①已：同"以"，由于。

②辨：指上下、贵贱、长幼、亲疏的等级区分。

③无待而然者：指自然拥有的，不需要后天学习就有的天性。

④狌狌：猩猩。形笑：当为"形状"。

⑤胾（zì）：块状的肉。

⑥牝（pìn）：雌性动物。牡（mǔ）：雄性动物。

【译文】

人之所以为人，是因为什么呢？答：因为人能辨别上下、贵贱、长幼、亲疏等等级秩序。饿了想吃，冷了想暖，累了想休息，喜欢好处而讨厌祸害，这是人天生就有、不需要学习就具备的本性，是大禹和夏桀都有的人性。这样说来，人之所以为人，不只是因为人长了两只脚，身上没有毛，而是因为人能分辨等级秩序。猩猩的样子也是长了两只脚，脸上没有毛，但是人却能喝它的汤，吃它的肉。所以人之所以为人，不只是因为人长了两只脚，身上没有毛，而是因为人能分辨等级秩序。禽兽也有父子关系但却没有父子亲情，有雌雄而没有男女之别。所以人类社会的根本在于有各种等级的区别。

　　辨莫大于分①，分莫大于礼，礼莫大于圣王。圣王有百，吾孰法焉？故曰：文久而灭②，节族久而绝③，守法数之有司极而襜④。故曰：欲观圣王之迹，则于其粲然者矣⑤，后王是也。彼后王者，天下之君也，舍后王而道上古，譬之是犹舍己之君而事人之君也。故曰：欲观千岁则数今日⑥，欲知亿万则审一二，欲知上世则审周道⑦，欲知周道则审其人所贵君子。故曰：以近知远，以一知万，以微知明⑧，此之谓也。

【注释】

①分：名分。

②文：礼法制度。

③节族：节奏，乐的节奏。族，通"奏"。

④极：久远。褫（chǐ）：废弛，松弛。

⑤粲（càn）然：明白、清楚的样子。

⑥数：考察。

⑦周道：周朝的治国原则，即所谓文武周公之道。一说指完备的道路。此处取前说。"审周道"体现了荀子的"法后王"思想。

⑧微：微弱，细小。明：明显，广大。

【译文】

分辨等级秩序最重要的在于等级名分，等级名分最重要的在于礼，而礼最重要的是制定它的圣王。有人问：圣王有数百个，我仿效谁呢？答：时间长了礼法制度就会湮灭，时间久了乐的节奏就会失传，年代久远了主管礼法的官吏也会松弛懈怠。所以说：想知道圣王的遗迹，就要去看那些保存清楚明白的，也就是后王的治国之道。后王是天下的君主，放弃后王而颂扬上古的君主，这就如同放弃自己的君主而侍奉别人的君主一样。所以说：想知道千年之远的事，就要看现在，想知道亿万，要先从一二数起，想知道上古的事，就要考察周代的治国制度，想知道周代的治国制度，就要考察它重视哪些君子。所以说：从近代的可以推知远古的，从一可以知道万，从细微之处可以知道事情的广大，说的就是这个意思。

夫妄人曰[①]："古今异情，其所以治乱者异道。"
而众人惑焉。彼众人者，愚而无说，陋而无度者也[②]。
其所见焉，犹可欺也，而况于千世之传也！妄人者，
门庭之间，犹可诬欺也，而况于千世之上乎！

【注释】

①妄人：无知妄为的人。

②度：测度，考虑。

【译文】

　　有些愚妄的人说："古今情况不同，所用来治理天下的
道也是不同的。"众人被这种话迷惑而相信了它。那些众
人，愚昧而不能辩说，浅陋而不能测度。亲眼目睹的事，
都能被欺骗，更何况千载相传之事！这些妄人，在日常生
活中，尚且要进行欺诈、蒙骗，更何况对于那些千载之上，
人所不能见的事情？

　　圣人何以不可欺？曰：圣人者，以己度者也[①]。
故以人度人，以情度情，以类度类，以说度功，以
道观尽，古今一也。类不悖，虽久同理，故乡乎邪
曲而不迷[②]，观乎杂物而不惑，以此度之。

【注释】

①以己度者：根据自己的经验去衡量古代的事情。

②乡：通"向"，面向。邪曲：邪僻，不正。

【译文】

然而圣人为什么不会受骗呢？答：圣人是根据自己的经验去衡量古代的东西。根据人性去测度一个人，以常情去测度个别人的情感，根据事物的一般情况去衡量其中的个别事物，依据言论的内容来测度实际的功业，用道来观察一切事物，这古今都是一致的。只要同类事物不相背离，即使时间相隔很长，道理还是一样的，所以面对邪说歪理也不会迷乱，看到杂乱无章的事物也不会困惑，这就是因为按照这个道理推测一切事物的缘故。

五帝之外无传人^①，非无贤人也，久故也。五帝之中无传政，非无善政也，久故也。禹、汤有传政而不若周之察也，非无善政也，久故也。传者久则论略，近则论详。略则举大^②，详则举小。愚者闻其略而不知其详，闻其小而不知其大也，是以文久而灭，节族久而绝。

【注释】

①五帝：传说中的黄帝、颛顼（zhuānxū）、帝喾（kù）、尧、舜。

②举：列举。大：大概。下文的"小"指细节。

【译文】

古代传下来的皇帝，除了五帝，就没有其他人了，这不是因为没有贤人，而是年代过于久远。五帝的政事，也都不传，不是因为没有善政，而是时间过于久远。禹、汤的政事有传下来的，但没有周代的详细，不是因为没有善政，而是因为时间太久的缘故。传说离得越远的，就越简略，传说离得越近的，就越翔实。简略的就只能列举其大概，翔实的则可以列举其细节。愚昧的人听到大概而不知其细节，听到细节而不知其大概。所以时间长了礼法制度就会湮灭，时间久了乐的节奏就会失传。

凡言不合先王，不顺礼义，谓之奸言，虽辩，君子不听。法先王，顺礼义，党学者①，然而不好言，不乐言，则必非诚士也。故君子之于言也，志好之，行安之，乐言之。故君子必辩。凡人莫不好言其所善，而君子为甚。故赠人以言，重于金石珠玉；观人以言②，美于黼黻文章；听人以言，乐于钟鼓琴瑟。故君子之于言无厌③。鄙夫反是，好其实，不恤其文，是以终身不免埤污佣俗④。故《易》曰："括囊，无咎无誉⑤。"腐儒之谓也。

【注释】

①党：亲近。

②观人：当作"劝人"。

③无厌：不厌倦。

④埤污：卑污。佣俗：庸俗。佣，平庸。

⑤"括囊"二句：括，结扎。囊，口袋。咎，过错。

【译文】

凡言说不合于先王之法，不顺乎礼义之道，就叫做奸言，虽然讲得头头是道，君子也不会听。效法先王之法，顺乎礼义之道，亲近学者，然而不好发于言论，不乐于谈论，这也不是真诚追求道的学者。所以君子对于辩说，一定是志之所好在此，行之所安在此，并以积极宣扬为乐。人都喜欢谈说自己崇尚的东西，君子尤其如此。所以赠人以善言，比金石珠玉更有价值；用善言劝勉人，比华丽的衣服色彩更美好；听从善言，比听钟鼓琴瑟之音还快乐。所以君子对于善言，津津乐道而从不厌倦。庸俗的人则与之相反，过于看重实际而不在乎文饰，所以终身不免低下、庸俗。《易经》上说："扎紧口袋，无过失也无美誉。"说的就是那些陈腐无用的儒生。

　　凡说之难①，以至高遇至卑，以至治接至乱。未可直至也，远举则病缪②，近世则病佣③。善者于是间也，亦必远举而不缪，近世而不佣，与时迁徙，与世偃仰④，缓急、嬴绌⑤，府然若渠匽、檃栝之于己也⑥，曲得所谓焉⑦，然而不折伤。

【注释】

①说：这里指游说。

②远举：援引上古之事。缪：荒谬，谬妄。

③佣：庸俗，一般化。

④偃（yǎn）仰：俯仰，高低。

⑤嬴绌：这里是进退伸屈的意思。嬴，盈余，满。

⑥府然：宽广包容的样子。渠匽：渠堰。匽，通

“堰”，渠坝。檃（yǐn）栝：矫正弯木的工具。

⑦曲：委曲。

【译文】

游说之难，在于用最高的道理来劝说最卑劣的人，用先王治世的理论来劝说末世最混乱的君主。不可以直接去劝说，列举上古的事又担心谬妄不切于实际，列举近代的事又担心流于一般而不为人接受。善于游说的人于是取其中间。一定要做到引用远古的事但不流于谬妄，列举近世的事而不流于平庸，随着时代变迁而变迁，随着世事变化而变化，或慢或急，或伸或曲，都好像堤坝控制着水流，檃栝矫正弯木那样掌控着，曲尽其理，而又不挫伤别人。

故君子之度己则以绳①，接人则用抴②。度己以绳，故足以为天下法则矣。接人用抴，故能宽容，因众以成天下之大事矣③。故君子贤而能容罢④，知而能容愚，博而能容浅，粹而能容杂，夫是之谓兼术。《诗》曰："徐方既同，天子之功⑤。"此之谓也。

【注释】

①绳：绳墨。

②抴（yì）：通"枻"，船桨，接人上船之物，引申为引导。

③因众：依靠众人。

④罢：同"疲"，指才劣之人。

⑤"徐方既同"两句：此处引诗见《诗经·大雅·常

武》。徐方，古代偏远地区的一个国名，在今淮河流域中下游地区。

【译文】

所以君子严于律己，好像用绳墨量木材，对待别人，就应该用引导的方法，这就像用舟楫接引人上船，这样才能做到宽广包容，依靠众人而成天下之大事。所以君子自己贤能却能包容才劣之人，自己智慧却能包容愚钝之人，自己广博却能包容浅陋之人，自己专精却能包容知识驳杂之人，这就是兼容之道。《诗经》说："徐族的人已经统一了，这是天子的功劳啊。"说的就是这个意思。

谈说之术：矜庄以莅之^①，端诚以处之^②，坚强以持之，譬称以喻之，分别以明之，欣驩芬芗以送之^③，宝之，珍之，贵之，神之。如是则说常无不受。虽不说人，人莫不贵。夫是之谓能贵其所贵。传曰："唯君子为能贵其所贵。"此之谓也。

【注释】

①矜庄：庄重，严肃。莅：临。

②端诚：正直真诚。

③欣驩（huān）芬芗：指和气。驩，通"欢"。芗，通"香"。

【译文】

说服的方法：要以庄重严肃、正直真诚的态度对待人，坚持不懈地说服别人，用比喻的方法启发人，通过分析使之明白是非同异，和蔼地把自己的思想传达给别人，自己一定要珍爱、宝贵、重视、崇信自己的学说，这样所讲的就没有不被别人接受的。即使沉默不说，别人也都会尊重他。这就叫能让自己所宝贵的学说得到重视。古书上说："只有君子才能让自己所宝贵的学说得到重视。"说的就是这个意思。

君子必辩。凡人莫不好言其所善，而君子为甚焉。是以小人辩言险而君子辩言仁也。言而非仁之中也①，则其言不若其默也，其辩不若其呐也②；言而仁之中也，则好言者上矣，不好言者下也。故仁言大矣。起于上所以道于下，政令是也；起于下所以忠于上，谋救是也。故君子之行仁也无厌。志好之，行安之，乐言之。故言君子必辩。小辩不如见端③，见端不如见本分。小辩而察，见端而明，本分而理，圣人、士君子之分具矣④。

【注释】

①中（zhòng）：符合。

②呐（nè）：拙于言辞。

③小辩：辩说小事。端：头绪。

④分：职分，分界。具：全备。

【译文】

君子一定要辩说。人都喜欢谈说自己崇尚的东西，君子尤其如此。所以小人宣扬的是邪恶，君子宣扬的是仁爱。

言论与仁爱无关，那么他说话就不如不说，善辩还不如口齿笨拙；所言与仁爱有关，则以好说为上，以不好说为下。所以仁道之言的意义很重大。发自君主，用来引导人民的言语，就是政令；出自臣子，忠于君主的言论，就是谏救。所以君子对于仁的践行从不厌倦。一定是志之所好在此，行之所安在此，并以积极宣扬为乐。所以说君子一定是好辩说的。辩说小事，不如把握好事情的头绪，把握好事情的头绪，不如抓住根本。辩说小事能够精察，抓住头绪能够明白，抓住了尊卑上下的根本就能得到辩说的根本意义。圣人、士君子所应有的作用全在于此。

有小人之辩者，有士君子之辩者，有圣人之辩者。不先虑，不早谋，发之而当，成文而类，居错迁徙①，应变不穷，是圣人之辩者也。先虑之，早谋之，斯须之言而足听②，文而致实，博而党正③，是士君子之辩者也。听其言则辞辩而无统④，用其身则多诈而无功⑤，上不足以顺明王，下不足以和齐百姓，然而口舌之均⑥，噡唯则节⑦，足以为奇伟偃却之属⑧，夫是之谓奸人之雄。圣王起，所以先诛也。然后盗贼次之。盗贼得变，此不得变也。

【注释】

①居错：举措，举用或废置。居，读为"举"。错，置。迁徙：变动，变化。

②斯须：片刻，一会儿。

③党：同"谠"，正直。

④无统：没有要领。

⑤用其身：任用其人。

⑥均：调也。这里指说话动听、口舌调均。

⑦嚪（zhān）唯：语言或多或少。嚪，多言。唯，少言。

⑧奇伟：夸大。偃却：同"偃蹇"，高傲。

【译文】

　　有小人之辩说，有士君子之辩说，有圣人之辩说。事先不思考，不提早谋划，说出来就很恰当，而自与理暗合，说出的话秩然有文采、有体系，无论情况怎样千变万化，都能应变不穷，这是圣人的辩说。事先经过考虑，提前谋划过，仓促之间说出的话也能有足够的力量打动人，说出的言论有文采而又质朴平实，渊博而又正直，这是士君子的辩说。听他的言论虽然振振有词但却没有要领，任用他则多狡诈而没有成就，上不足以顺事贤明的君主，下不足以和谐百姓，然而却说话动听，言谈或多或少都很适当，完全可以称之为骄傲自大之流，这种人可称之为奸雄。圣王出现，一定要先诛杀此等人，而盗贼还在其次。因为盗贼尚且可以得到改变，而这种奸人却不会变。

非十二子

　　这是一篇考量春秋战国诸子得失的文字，与《庄子·天下》篇近似，是我们研究先秦诸子学说思想的一篇重要文献。

　　文章主要评述了道、墨、名、法及儒家各流派的思想学说。其所说的十二子是指它嚣、魏牟、陈仲、史鳅、墨翟、宋钘、慎到、田骈、惠施、邓析、子思、孟轲。

　　荀子认为这十二家所鼓吹的都是些欺惑愚众的学说，他依据"礼"的标准，对这几家思想进行了尖锐的批判和否定，而独独推尊以礼义为宗旨的仲尼、子弓的学说，认为这是"总方略，齐言行，壹统类"的最高法则。

　　文章后半部对古今之仕士、古今之处士进行了对比描述，对当时社会的知识分子，也即荀子所谓的"贱儒"的种种丑态进行了辛辣的讽刺。文笔酣畅淋漓，描述颇为生动。

假今之世①，饰邪说，文奸言，以枭乱天下②，矞宇嵬琐③，使天下混然不知是非治乱之所存者有人矣。

【注释】

①假：借。

②枭乱：扰乱。枭，通"挠"。

③矞（jué）宇：谲诡。矞，通"谲"，诡诈。宇，通"訏"，诡诈。嵬（wéi）：怪癖，奸诈。琐：细小，卑鄙。

【译文】

借着今天这混乱之世，文饰奸言邪说，用来扰乱天下，诡诈邪恶，琐屑怪异，使天下人心智混乱，不知何为是何为非，何为治何为乱，这样的人大有人在。

纵情性①，安恣睢②，禽兽行，不足以合文通治③；然而其持之有故④，其言之成理，足以欺惑愚众，是它嚣、魏牟也⑤。

【注释】

①情性：指人的好利恶害、好逸恶劳的天性。

②安：指心中无所愧疚的样子。恣睢：任意胡为。

③合文通治：合于礼义，达到国家的治理。

④故：所以然之理，即有根据。或曰故实，也可通。

⑤它嚣：人名，其生平事迹无考。魏牟：战国时人，与庄子同时。

【译文】

放纵自己邪恶的天性，肆意胡为而无所愧疚，行为如同禽兽，不足以符合礼义而达到国家的治理，然而却说得有根有据、有条有理，足以欺骗迷惑愚昧的老百姓，它嚣、魏牟就是这样的人。

忍情性，綦谿利跂①，苟以分异人为高，不足以合大众，明大分②；然而其持之有故，其言之成理，足以欺惑愚众，是陈仲、史䲡也③。

【注释】

①綦（qí）：极。谿（xī）：深的意思。利跂（qí）：超凡独立。利，通"离"。跂，立，踮起脚。

②大分：君臣上下之名分。

③陈仲：名定，又名田仲、陈仲子，战国齐国贵族，认为哥哥拥有的是不义之财，所以离开兄长，隐居长白山，靠编草鞋为生。史䲡（qiū）：又名史鱼，春秋时卫国大夫，曾多次劝谏卫灵公任用贤人，没有被采纳，临死时，嘱咐儿子不要将自己的尸体入棺，进行"尸谏"。卫灵公知道后，对他大加赞扬，由此获得了敢谏的美名。荀子认为陈仲故作清高，史鱼则有盗名之嫌，所以对其进行批判。

【译文】

强忍着自己的欲望和天性，用心极其深沉，行为极其孤僻，一心只想显示出和别人不一样，不能够与大众和谐相处、遵守等级名分；然而却说得有根有据、有条有理，足以欺骗迷惑愚昧的老百姓，陈仲、史鰌就是这样的人。

不知壹天下、建国家之权称①，上功用、大俭约②，而僈差等③，曾不足以容辨异、县君臣④；然而其持之有故，其言之成理，足以欺惑愚众，是墨翟、宋钘也⑤。

【注释】

①壹：统一。权称：指准则。这里指礼。

②上：同"尚"，崇尚。

③僈（màn）：轻视。

④县：同"悬"。

⑤墨翟：墨子，战国春秋鲁国人，墨家创始人。宋钘：战国宋国人。

【译文】

不知道统一天下、建立礼制的重要性，崇尚实用，过分强调节约，而轻视等差秩序，以至于不能区分上下之别、君臣之异，然而却说得有根有据，有条有理，足以欺骗迷惑愚昧的老百姓，墨翟、宋钘就是这样的人。

尚法而无法，下修而好作①，上则取听于上，下则取从于俗，终日言成文典②，反纠察之③，则偶然无所归宿④，不可以经国定分⑤；然而其持之有故，其言之成理，足以欺惑愚众，是慎到、田骈也⑥。

【注释】

①下修：与"尚法"对文，不尚贤之意。修，贤能，修能。荀子书中每用来称君子之志意德行。好作：指不遵守先王礼制，自作主张。

②文典：法律条文。

③纠（xún）察：循省审查。纠，通"循"。

④倜然：远离的样子。

⑤经国：治理国家。

⑥慎到：战国赵国人，早期法家的代表人物之一。田骈：战国齐国人，道家代表人物之一。

【译文】

崇尚法制而不以礼法为法，轻视贤能而好自作主张，上面君王听取他，下面社会上的人也顺从他，整日讲述着法律条文，等到循省审查研究，却脱离实际而没有着落，不能够用来治理国家、确定名分；然而却说得有根有据、有条有理，足以欺骗迷惑愚昧的老百姓，慎到、田骈就是这样的人。

不法先王，不是礼义，而好治怪说，玩琦辞①，甚察而不急，辩而无用，多事而寡功，不可以为治纲纪；然而其持之有故，其言之成理，足以欺惑愚众，是惠施、邓析也②。

【注释】

①琦：通"奇"。

②惠施：战国宋国人，名家的代表人物。邓析：春秋
　郑国人，刑名学家。

【译文】

　　不效法先王，诽毁礼义，却喜好钻研奇谈怪论，玩弄
奇怪的文辞，说得十分入微却没有什么实际用处，说得头
头是道却没有什么用处，做的事很多却没有什么功效，不
能作为治国的纲领；然而却说得有根有据、有条有理，足
以欺骗迷惑愚昧的老百姓，惠施、邓析就是这样的人。

　　略法先王而不知其统，然而犹材剧志大^①，闻见
杂博。案往旧造说^②，谓之五行^③，甚僻违而无类^④，
幽隐而无说^⑤，闭约而无解^⑥。案饰其辞而祗敬之曰^⑦：
此真先君子之言也^⑧。子思唱之^⑨，孟轲和之，世
俗之沟犹瞀儒^⑩，嚾嚾然不知其所非也^⑪，遂受而传
之，以为仲尼、子游为兹厚于后世，是则子思、孟
轲之罪也。

【注释】

①材剧：才多。剧，繁多。
②案：按照。往旧：古代。造说：臆造一种邪说。
③五行：意思不明。一说即五常，仁、义、礼、智、信。
④僻违：邪僻。
⑤幽隐：隐晦。
⑥闭约：隐晦。
⑦案：语助词。其：指子思、孟子。祗（zhī）敬：

恭敬。

⑧先君子：指孔子。

⑨唱：通"倡"，倡导。

⑩沟犹瞀（mào）：沟瞀，愚昧无知。犹，语助词，或以为衍字。

⑪嚾嚾（huān）然：形容喧吵的样子。

【译文】

粗略地效法先王，而不知百王相传，自有其要领，然而却做出才能很多、志向很大、博闻多见的样子。依从古老的观念来臆造学说，称之为五行，这些学说十分邪僻而没有纲要，隐晦而不成学说，晦涩而不可理解。他们修饰自己的言辞，并且十分抬高自己的学说，说：这是孔子的学说啊。前有子思提倡，后有孟轲附和，世俗一般愚蠢的人吵吵闹闹争先学习，却根本不知道它的错误，于是接受并传承它，以为孔子、子游的学说因为他们这些人的努力才被后世推崇。这是子思、孟轲的罪过。

若夫总方略①，齐言行，壹统类，而群天下之英杰，而告之以大古②，教之以至顺③，奥窔之间④，簟席之上⑤，敛然圣王之文章具焉⑥，佛然平世之俗起焉⑦，六说者不能入也⑧，十二子者不能亲也⑨，无置锥之地而王公不能与之争名，在一大夫之位则一君不能独畜，一国不能独容，成名况乎诸侯⑩，莫不愿以为臣，是圣人之不得势者也，仲尼、子弓是也。

【注释】

①总：总括，统领。方略：道，道术。

②大古：指古代帝王的业绩。

③顺：循，循其理。

④奥窔（yào）：屋子的西南角叫"奥"，东南角叫"窔"。

⑤簟（diàn）席：用竹做成的席子。

⑥敛然：聚集的样子。

⑦佛（bó）然：勃然兴起的样子。

⑧六说者：指魏牟、墨子、孟子、田骈、邓析、史鳝等六家学说。

⑨十二子：指以上所提到的十二人。

⑩况：增益，超过。

【译文】

至于总括治国的方针，统一人们的言行，统一治事的纲纪，进而聚集天下的英杰，告知上古先王的礼法，教之以遵循礼法之道，就连一室之内，居处之私，圣王的文饰礼仪都会聚集在那里，社会安定的礼仪也勃然兴起，魏牟、墨子等人的学说不能进入，十二子的学说也不能靠近，即使穷得没有立足之地，王公贵卿也不能与他争名，当了一国的大夫，一个君主不能将其占为己有，一个国家也不能将其单独容纳，他的盛名可以超过诸侯，没有一个国君不想以他为臣，这就是没有得到权势的圣人，仲尼、子弓就是这样的人。

一天下，财万物①，长养人民，兼利天下，通达之属^②，莫不从服，六说者立息，十二子者迁化，则圣人之得势者，舜、禹是也。

【注释】

①财：通"裁"，管理，利用。

②通达之属：舟车所到、人迹所通的地方。这里指天下。

【译文】

统一天下，利用万物，养育人民，使整个天下都得到好处，天下之人，没有不向往服从的，魏牟、墨子等人的学说会立刻消失，十二子的学说也会受到影响而渐渐改变，这就是得到势位的圣人，舜、禹就是这样的人。

今夫仁人也，将何务哉^①？上则法舜、禹之制，下则法仲尼、子弓之义，以务息十二子之说。如是则天下之害除，仁人之事毕，圣王之迹著矣^②。

【注释】

①将何务哉：打算怎么做呢？

②著：显著，彰显。

【译文】

当今那些仁人，该怎样努力去做呢？上则效法舜、禹的制度，下则效法仲尼、子弓的礼义，一定要消灭十二子的学说，这样的话天下的祸害就会消除，仁人的事情也就完成了，圣王的业绩也就得到了彰显。

信信，信也；疑疑，亦信也。贵贤，仁也；贱不肖，亦仁也。言而当，知也；默而当，亦知也。故知默犹知言也。故多言而类①，圣人也；少言而法，君子也；多言无法而流湎然②，虽辩，小人也。故劳力而不当民务，谓之奸事；劳知而不律先王，谓之奸心；辩说譬谕、齐给便利而不顺礼义③，谓之奸说。此三奸者，圣王之所禁也。知而险，贼而神，为诈而巧，言无用而辩，辩不急而察，治之大殃也。行辟而坚④，饰非而好，玩奸而泽⑤，言辩而逆⑥，古之大禁也。知而无法，勇而无惮，察辩而操僻，淫大而用乏⑦，好奸而与众⑧，利足而迷，负石而坠⑨，是天下之所弃也。

【注释】

①类：统类。在荀子书中常指礼义。

②流湎：沉溺。

③齐给便利：迅速便捷。

④辟：邪僻。

⑤泽：润泽。这里指巧为润色，使人不知其奸。

⑥逆：指悖于理。

⑦淫大：奢侈浪费。大，同"太"。

⑧与：党与，指拉帮结伙。

⑨"利足而迷"两句：意颇难解，一说，前句指走捷径而陷入窘境，后句指力小任重，位高而跌。

【译文】

相信应该相信的，是诚信；怀疑应该怀疑的，也是诚信。尊崇贤人，是仁；鄙视不肖之徒，也是仁。说话得体，是智慧的；不说话也得体，也是智慧的。所以懂得沉默与懂得说话是一样的。说话很多，但都合于礼义，这是圣人；说话很少，但合于法则，这是君子；说话很多但不合礼法，却沉溺其中，即使说得头头是道，也是小人。所以费力而对百姓的事情没有帮助，这叫奸事；劳心费脑，而不合于先王的法制，这叫奸心；辩说比喻，口才敏捷，但不遵循礼义，这叫奸说。这三奸，是圣王所禁止的。智巧而险诈，阴贼而诡秘难测，用心诡诈而巧言辩说，言论没有什么用处却说得头头是道，辩说不合于实用却分析得很细微，这是治理国家的最大灾祸。行为邪僻而顽固不化，掩饰过错而十分巧妙，玩弄权术而十分圆滑，说得貌似有理却违反常理，这是上古之人最要禁止的。聪明而不守法度，勇猛而无所忌惮，考察事物很精细而所操之术却很邪恶，奢侈浪费而导致财物匮乏，喜欢干坏事而党羽众多，贪图便利而陷入迷途，窃取重位而跌入深渊，这是天下人都厌恶的人。

兼服天下之心：高上尊贵不以骄人，聪明圣知不以穷人①，齐给速通不争先人②，刚毅勇敢不以伤人；不知则问，不能则学，虽能必让，然后为德。遇君则修臣下之义，遇乡则修长幼之义③，遇长则修子弟之义，遇友则修礼节辞让之义，遇贱而少者则修告导宽容之义。无不爱也，无不敬也，无与人争也，恢然如天地之苞万物④，如是则贤者贵之，不肖者亲之。如是而不服者，则可谓讹怪狡猾之人矣⑤，虽则子弟之中，刑及之而宜。《诗》云："匪上帝不时，殷不用旧。虽无老成人，尚有典刑。曾是莫听，大命以倾⑥。"此之谓也。

【注释】

①穷人：使人难堪。

②齐给速通：口才流利，反应敏捷。

③乡：乡人，乡亲。

④恢然：广大的样子。苞：通"包"。

⑤讹（yāo）怪：妖邪，怪异。讹，同"妖"。

⑥"匪上帝不时"六句：此处引诗见《诗经·大雅·荡》。匪，不。时，通"是"。旧，指先王之道。老成人，指像伊尹、伊陟之类的人。典刑，指各种法度和事例。大命，国家的命运。倾，倒。

【译文】

使天下人都心悦诚服的办法：身份地位高而不傲视别人，聪明圣智而不逼人至困境，才能敏捷而不与人争先，刚毅勇猛而不伤害他人；不知道就虚心求教，不会的就认真去学，有能力而懂得谦让，然后就能成就圣贤之德了。对待君主，就慎重地按照臣下之义务去做，对待乡人，就按照长幼的秩序去做，对待长者，就按照弟子恭敬的礼义去做，对待朋友，就慎重地按照礼节辞让之义去做，遇到地位低、年纪轻的人，就应该本着教导、宽容的原则去做。与人相处，没有不仁爱的，没有不恭敬的，不与他人相争，心胸如同天地包容万物那样广大。如此，贤能的人就会尊崇他，不肖之人也会亲近他。像这样如果还有人不顺服，那就可以说是妖怪狡诈之人了，虽然是一家人，对其处以刑罚，也是应该的。《诗经》上说："不是上帝的过错，是因为纣王不遵守先王之道。即使没有伊尹、伊陟这样老成的人，也还是有先王的典则和刑法可以效法。但是殷纣王连这些都不听，所以导致了国家的灭亡。"说的就是这种情况。

古之所谓仕士者①，厚敦者也，合群者也，乐可贵者也②，乐分施者也，远罪过者也，务事理者也，羞独富者也。今之所谓仕士者，污漫者也③，贼乱者也，恣睢者也，贪利者也，触抵者也，无礼义而唯权势之嗜者也。古之所谓处士者④，德盛者也，能静者也，修正者也，知命者也，箸是者也⑤。今之所谓处士者，无能而云能者也，无知而云知者也，利心无足而佯无欲者也，行伪险秽而强高言谨悫者也⑥，以不俗为俗，离纵而跂訾者也⑦。

【注释】

①仕士：做官的人。与下文"处士"对文。

②乐可贵：指注重道德。

③污漫：欺骗，诡诈。

④处士：隐士。

⑤箸是：宣扬正确的主张。箸，通"著"，显扬。

⑥行伪险秽：行为阴险肮脏。谨悫：谨慎诚实。

⑦纵：同"踪"，车迹。跂訾（qízǐ）：显示自己与众不同。跂，抬起脚后跟。訾，通"恣"。

【译文】

古代所说的做官的人，是老实忠厚的人，团结群众的人，注重道德的人，乐于施惠的人，远离罪过的人，研究事物道理追求合道的人，以自己独富为羞耻的人。而当今这些做官的人，是欺骗诡诈的人，为非作歹、伤害他人的人，放纵性情胡为的人，贪图利益的人，触犯法令的人，不在乎礼义而只追求权势的人。古代所说的隐士，是道德高超的人，修身自洁、行为端正的人，自安于命而不妄求的人，宣扬正确主张的人。而当今所谓的隐士，没有能力而自夸有能力，无知而自以为有知，贪得无厌而假装没有欲望，行为阴险肮脏而硬要把自己说成老实忠厚，作离俗之状以自标清高，这是故作自己与众不同的人。

士君子之所能不能为①：君子能为可贵，不能使人必贵己；能为可信，而不能使人必信己；能为可用，而不能使人必用己。故君子耻不修②，不耻见污；耻不信，不耻不见信；耻不能，不耻不见用。是以不诱于誉，不恐于诽，率道而行，端然正己，不为物倾侧③，夫是之谓诚君子。《诗》云："温温恭人，维德之基④。"此之谓也。

【注释】

①能不能为：能做的和不能做的。

②不修：道德不修。修，善。

③倾侧：倾斜。这里指动摇。

④"温温恭人"两句：此处引诗见《诗经·大雅·抑》。

【译文】

　　士君子能做的和不能做的事有：君子能做到道德高尚，但不必一定要别人尊贵自己；能做到讲信用，但不必一定要别人相信自己；能做到任用贤能，但不必一定要别人任用自己。所以君子以道德不修为耻，而不以被人污蔑为耻；以不讲信义为耻，而不以不被人信任为耻；以没有能力为耻，而不以没有得到任用为耻。所以不被浮名所诱惑，不被诽谤所吓倒，行为做事遵循着道的规范，严肃地端正自己的言行，不为外物所动摇，这样的人才称得上是真正的君子。《诗经》说："多么宽厚谦恭的人啊，这是道德的基础。"说的就是这个意思。

　　士君子之容：其冠进①，其衣逢②，其容良③，俨然④，壮然⑤，祺然⑥，蕼然⑦，恢恢然，广广然⑧，昭昭然，荡荡然⑨，是父兄之容也。其冠进，其衣逢，其容悫，俭然⑩，恀然⑪，辅然⑫，端然，訾然⑬，洞然⑭，缀缀然⑮，瞀瞀然⑯，是子弟之容也。

【注释】

①进：通"峻"，高。

②逢：宽大。

③良：温和。

④俨然：庄重的样子。

⑤壮：通"庄"，严肃而不可侵犯的样子。

⑥祺然：安详的样子。

⑦蕼（sì）然：宽舒的样子。

⑧恢恢然，广广然：指气度开阔的样子。

⑨昭昭然，荡荡然：明朗、坦率的样子。

⑩俭然：自谦的样子。

⑪恀（shì）然：依恃尊长的样子。

⑫辅然：亲近的样子。

⑬端然：柔顺的样子。端，通"孳"。

⑭洞然：恭敬的样子。

⑮缀缀然：不背离的样子。

⑯瞀瞀（mào）然：不敢正视的样子。

【译文】

士君子的仪容应该是这样的：帽子高，衣服宽大，容颜平和温善；庄重、严肃、安详、宽舒、气度恢弘、明朗坦率，这是父兄的仪容。帽子高，衣服宽大，容色小心谨慎；谦虚、依恃、亲切、正直、柔顺、恭敬、不背乱、遇到长者时不正视，这是子弟的仪容。

吾语汝学者之嵬容①：其冠俛②，其缨禁缓③，其容简连④；填填然⑤，狄狄然⑥，莫莫然⑦，瞡瞡然⑧；瞿瞿然⑨，尽尽然⑩，盱盱然⑪；酒食声色之中则瞒瞒然，瞑瞑然^⑫；礼节之中则疾疾然^⑬，訾訾然^⑭；劳苦事业之中则儢儢然^⑮，离离然^⑯，偷儒而罔^⑰，无廉耻而忍谋訽^⑱，是学者之嵬也。

【注释】

①嵬容：怪异之容。

②俛：同"俯"。

③缨：帽带。禁：通"衿"，腰带。缓：松。

④简连：傲慢的样子。

⑤填填然：自我满足的样子。

⑥狄狄然：跳跃的样子。

⑦莫莫然：沉默寡言的样子。

⑧瞡瞡（guī）然：见识浅短的样子。

⑨瞿瞿然：惊慌失措的样子。

⑩尽尽然：消沉沮丧的样子。

⑪盱盱（xū）然：张目直视的样子。

⑫瞒瞒然，瞑瞑然：沉醉迷乱的样子。

⑬疾疾然：憎恶的样子。

⑭訾訾然：骂骂咧咧的样子。

⑮儢儢然：怠慢的样子。

⑯离离然：不亲自去做的样子。

⑰偷儒：偷懒而怯懦的样子。儒，懦弱。

⑱谋訽（xǐgòu）：辱骂，谩骂。

【译文】

我告诉你们读书人的丑态：帽子低斜，帽带和腰带系得松松垮垮，态度傲慢；满意自得，上窜下跳；沉默寡言，见识短浅；遇到事情就惊慌失措，常常是一副消沉沮丧的样子，看人的时候直眉瞪眼；酒食声色中，则沉醉迷乱；礼节之中，总是一副愤愤不平、骂骂咧咧的样子；做事情的时候则怠慢拖延，什么都不愿意亲自动手，懒惰胆怯而不怕被人指责，没有廉耻而能够忍受污辱和谩骂，这是学者中的怪类。

弟佗其冠①，神襌其辞②，禹行而舜趋，是子张氏之贱儒也③。正其衣冠，齐其颜色，嗛然而终日不言④，是子夏氏之贱儒也⑤。偷儒惮事，无廉耻而耆饮食⑥，必曰君子固不用力，是子游氏之贱儒也⑦。

【注释】

①弟佗：颓唐。

②神襌（dàn）：通"冲淡"。

③子张氏：姓颛孙，名师，字子张，孔子的门徒。

④嗛（qiàn）然：不足的样子。嗛，通"歉"。

⑤子夏氏：姓卜，名商，字子夏，孔子的门徒。

⑥耆：通"嗜"。

⑦子游氏：姓言，名偃，字子游，孔子的门徒。

【译文】

帽子戴得歪歪斜斜，说话平淡无味，装出一副禹、舜走路的样子，这就是子张氏这样的贱儒。衣冠整齐，神情严肃，不满足而嘴上却不说，这就是子夏氏这样的贱儒。

苟且懒惰而又胆小怕事，没有廉耻而好吃懒做，还非要说君子本来就不应该干活，这就是子游氏这样的贱儒。

彼君子则不然。佚而不惰，劳而不慢，宗原应变，曲得其宜，如是，然后圣人也。

【译文】

而那些真正的君子则不是这样的。安逸而不懒惰，劳作而不懈怠，遵守着根本原则来应对各种情况的变化，各方面都做得恰当，这样才能成为圣人。

王　制

　　本篇是集中体现荀子政治思想的重要文章。文章通过论述王与霸、安存与危亡等政治状况和"王者"、"霸者"、"强者"的区别，提出了实行王道的主张，并列举了政治纲领、策略措施、用人方针、听政方法、管理制度、官吏职事等各项举措：政治制度方面，强调"隆礼义"，以等级名分确立统治秩序；任用人才方面，尚贤任能，破格提拔，奖功罚罪，加强集权；发展经济方面，提倡重视农耕，保护山林湖泽，加强物资流通。

　　文中提出了"一天下"的主张，描绘了结束分裂割据、建立统一国家的理想图景，这符合历史发展的趋势。在推崇"王道"的同时，对"霸道"也给予了肯定，初步透露了对法家思想的借鉴。此外，荀子看到了统治者与人民的矛盾关系，提出"水则载舟，水则覆舟"的主张，具有可贵的民本思想。

请问为政？

曰：贤能不待次而举，罢不能不待须而废^①，元恶不待教而诛^②，中庸民不待政而化。分未定也则有昭缪^③。虽王公士大夫之子孙也，不能属于礼义^④，则归之庶人。虽庶人之子孙也，积文学^⑤，正身行，能属于礼义，则归之卿相士大夫。故奸言、奸说、奸事、奸能、遁逃反侧之民^⑥，职而教之^⑦，须而待之^⑧，勉之以庆赏，惩之以刑罚，安职则畜，不安职则弃。五疾^⑨，上收而养之，材而事之，官施而衣食之，兼覆无遗。才行反时者死无赦。夫是之谓天德^⑩，王者之政也。

【注释】

①罢（pí）：同"疲"，指没有德才的人。须：须臾，片刻。

②元恶：罪魁祸首。

③昭缪（mù）：古代宗法制度用以分别上下辈分的宗庙或墓地排列次序：始祖居中；二世、四世、六世位于始祖的左方，称"昭"；三世、五世、七世位于右方，称"穆"。缪，通"穆"。

④属于：符合于。

⑤文学：指文献典籍。

⑥反侧：不安分守己。

⑦职：事，指安置工作。

⑧须：等待。

⑨五疾：五种残疾，即哑、聋、瘸、骨折、侏儒。

⑩天德：至高的德行。

【译文】

请问怎样治理国家？

回答说：对于德才兼备的人，不墨守级别次序而破格提拔；对于无德无能的人要立刻罢免；对于罪魁祸首，不需教育而立即处决；对于普通民众，不靠强制的政令而进行教育感化。名分没有确定时，就应该像宗庙的昭穆那样划分出次序来。即使是帝王公侯士大夫的子孙，如果不合乎礼义，就把他们归入平民。即使是平民的子孙，如果积累了文化知识，端正了行为，能合乎礼义，就把他们归入卿相士大夫。对于那些散布邪恶言论、鼓吹邪恶学说、从事邪恶行为、具备邪恶本领、四处流窜而不守本分的人，就强制劳役进行教育，静待他们转变；用奖赏去激励他们，用刑罚去惩处他们；安心工作的就留用，不安心工作的就流放出去。对患有五种残疾的人，君主收留并养活他们，根据其才能安排工作，由官府供给衣食，全部加以照顾而不遗漏一个人。对那些用才能和行为来反对现行制度的人，坚决处死决不赦免。这就是最高的德行，是成就帝王之业所应采取的政治措施。

听政之大分①：以善至者待之以礼，以不善至者待之以刑。两者分别则贤不肖不杂，是非不乱。贤不肖不杂则英杰至，是非不乱则国家治。若是，名声日闻，天下愿，令行禁止，王者之事毕矣。凡听：威严猛厉而不好假道人^②，则下畏恐而不亲，周闭而不竭，若是，则大事殆乎弛，小事殆乎遂^③。和解调通，好假道人而无所凝止之^④，则奸言并至，尝试之说锋起^⑤，若是，则听大事烦^⑥，是又伤之也。故法法而不议，则法之所不至者必废。职而不通，则职之所不及者必队^⑦。故法而议，职而通^⑧，无隐谋，无遗善，而百事无过，非君子莫能。故公平者，职之衡也；中和者，听之绳也。其有法者以法行，无法者以类举，听之尽也；偏党而无经，听之辟也^⑨。故有良法而乱者有之矣；有君子而乱者，自古及今，未尝闻也。传曰："治生乎君子，乱生乎小人。"此之谓也。

【注释】

①大分：要领，关键。

②假道：待人宽容。假，宽容。道，由，从。

③遂：通"坠"，失落。

④凝止：有限度。凝，止定。

⑤锋：通"蜂"。

⑥听大：所听太多。

⑦队：同"坠"。

⑧职：当是"听"字之误。

⑨辟：偏邪，不公正。

【译文】

处理政事的要领是：对那些心怀好意而来的人，就以礼相待；对那些心怀恶意而来的人，就用刑罚对待。这两种情况能区别开来，那么有德才的人和没有德才的人就不会混杂在一起，是非也就不会混淆不清。有德才的人和没有德才的人不混杂，那么英雄豪杰就会到来；是非不混淆，那么国家就能得到治理。像这样，名声就会一天天显赫，天下就会仰慕向往，就能做到有令必行、有禁必止，这样，圣王的事业也就完成了。凡在朝廷上听政的时候：如果威武严肃、凶猛刚烈而不喜欢宽容别人，那么臣下就会恐惧而不敢亲近，隐瞒真情而不敢畅所欲言，那么大事恐怕会废弛，小事也将落空。如果过于随和，喜欢宽容诱导，顺从别人而无限度，那么奸诈邪恶的言论就会丛生，各种试探性的说法就会蜂拥而起，这样，所听太杂，事务繁杂，同样也会对政事有害。所以制定了法律而不再讨论研究，那么法令没有涉及的事情就会被废弃不管。规定了各级官吏的职权范围而不彼此沟通，那么职权范围没有涉及的地方就会漏空。所以制定了法律而又加以讨论研究，规定了官吏的职权范围而又彼此沟通，那就不会有隐藏的图谋，不会有遗漏的善行，而各种工作也就不会失误，若非君子是不能做到这样的。公正是处理政事的原则；宽严适中是处理政事的准绳。那些有法律依据的就按照法律来办理，没有法律条文可遵循的就按法令以类相推来办理，这是处理政事的最佳措施。偏袒而无原则，是处理政事的歧途。所以，有了完善的法制而产生动乱是出现过的；有了德才兼备的君子而国家动乱，从古到今还不曾听说过。古书上说："国家的安定是由于君子，国家的动乱则来自小人。"

说的就是这个道理。

分均则不偏①，势齐则不壹，众齐则不使。有天有地而上下有差，明王始立而处国有制。夫两贵之不能相事，两贱之不能相使，是天数也。势位齐而欲恶同，物不能澹则必争②；争则必乱，乱则穷矣。先王恶其乱也，故制礼义以分之，使有贫富贵贱之等，足以相兼临者③，是养天下之本也。《书》曰："维齐非齐④。"此之谓也。

【注释】

①偏：部属。这里用作动词，表示上下的统属关系。

②澹：通"赡"，满足。

③相兼临：全面进行统治。

④维齐非齐：引文见《尚书·吕刑》，本义为"要整齐不整齐的东西"。但荀子引此句是表示要上下齐一，就必须有等级差别。

【译文】

名分等级拉平了就不能有所统属，势位权力相同了就难以统一，大家平等了就无法役使。自从有了天地就有了上和下的差别；贤明的君主一登上王位，治理国家就有了一定的等级制度。同样高贵的两个人不能互相侍奉，同样卑贱的两个人不能互相役使，这是必然的现象。人们的权势地位相等，爱好与厌恶也必相同，而财物不能满足需要，就肯定会发生争夺；相争一定会引起混乱，社会混乱就会导致国家危机。古代的圣明君王痛恨这种混乱，所以制定了礼义来加以区分，使人们有贫穷与富裕、高贵与卑贱的差别，使自己能够凭借这些差别来全面统治他们，这是治理天下的根本原则。《尚书》上说："要做到整齐划一，关键在于不整齐划一。"说的就是这个道理。

马骇舆则君子不安舆；庶人骇政则君子不安位。马骇舆则莫若静之；庶人骇政则莫若惠之。选贤良，举笃敬，兴孝弟①，收孤寡②，补贫穷，如是，则庶人安政矣。庶人安政，然后君子安位。传曰："君者，舟也；庶人者，水也。水则载舟，水则覆舟。"此之谓也。

【注释】

① 弟（tì）：同"悌"。

② 孤寡：少而无父者谓之"孤"，老而无夫者谓之"寡"。

【译文】

驾车的马受惊狂奔，那么君子就不能稳坐车上；百姓被苛政惊扰，那么君子就不能稳坐江山。驾车的马受惊，最好的办法就是让它安静下来；百姓被苛政惊扰，最好的办法就是给他们恩惠。选用贤良之人，提拔忠厚恭谨之人，提倡孝顺父母、敬爱兄长，收养孤儿寡妇，资助贫穷的人，像这样，百姓就服从统治了。百姓服从统治，然后君子的统治地位才能稳固。古书上说："君王好比船；百姓好比水。水能浮起船，也能掀翻船。"说的就是这个道理。

故君人者，欲安则莫若平政爱民矣，欲荣，则莫若隆礼敬士矣，欲立功名则莫若尚贤使能矣，是君人者之大节也。三节者当，则其余莫不当矣；三节者不当，则其余虽曲当，犹将无益也。孔子曰："大节是也，小节是也，上君也。大节是也，小节一出焉，一入焉，中君也。大节非也，小节虽是也，吾无观其余矣。"

【译文】

所以统治人民的君主，要想安定，就没有比公平执政、爱护人民更好的了，要想显荣，就没有比尊崇礼义、敬重士人更好的了，要想建立功名，就没有比推崇贤良、任用能人更好的了。这些是当君主的关键。这三个关键都做得恰当，那么其余的就没有什么不恰当了。这三个关键做得不恰当，那么其余的即使处处恰当也于事无补。孔子说："大的方面对，小的方面也对，这是上等的君主；大的方面对，小的方面有些出入，这是中等的君主；大的方面错了，小的方面即使对，我不必再看其余的也知道这是下等的君主了。"

成侯、嗣公①，聚敛计数之君也，未及取民也；子产②，取民者也，未及为政也；管仲③，为政者也，未及修礼也。故修礼者王，为政者强，取民者安，聚敛者亡。故王者富民，霸者富士，仅存之国富大夫，亡国富筐箧，实府库。筐箧已富，府库已实，而百姓贫，夫是之谓上溢而下漏，入不可

以守，出不可以战，则倾覆灭亡可立而待也。故我
聚之以亡，敌得之以强。聚敛者，召寇、肥敌、亡
国、危身之道也，故明君不蹈也。

【注释】

①成侯：战国时卫国国君，名遬（或作"不逝"），公
　元前 361—前 333 年在位。嗣公：即卫嗣君（秦贬
　其号曰"君"），卫国国君，卫成侯之孙，公元前
　324—前 283 年在位。

②子产：姓公孙，名侨，春秋时郑国政治家，公元前
　554 年为卿，前 543 年执政，在郑国实行改革，并
　推行法治。

③管仲：春秋时齐国政治家，曾辅佐齐桓公称霸诸侯，
　成为春秋时期第一个霸主。其主要言论和思想保留
　在《国语·齐语》和《管子》一书中。

【译文】

　　卫成侯、卫嗣公，是搜刮民财、工于算计的国君，没
能做到取得民心；子产，是取得民心的人，却没能做到刑
赏治国；管仲，是做到了刑赏治国的人，但没能做到推行
礼义。做到礼义的能成就帝王之业，善于刑赏治国的能使
国家强大，可以取得民心的能使国家安定，搜刮民财的会
使国家灭亡。称王天下的君主使民众富足，称霸诸侯的君
主使武士富足，勉强维持的国家使大夫富足，亡国的君主
只装满了自己的筐子、箱子和朝廷的仓库。自己的筐子、
箱子和仓库塞满了，而百姓则陷入贫困，这叫做上面满溢

而下面漏空。这样的国家，内不能防守，外不能出战，那么它的灭亡将立刻到来。自己搜刮民财以致灭亡，敌人得到这些财物反而富强。搜刮民财，实是招致侵略、养肥敌人、灭亡本国、危害自身的道路，所以贤明的君主是不走这条路的。

王夺之人^①，霸夺之与，强夺之地。夺之人者臣诸侯，夺之与者友诸侯，夺之地者敌诸侯。臣诸侯者王，友诸侯者霸，敌诸侯者危。

【注释】

①夺之人：争取人心。夺，夺取，争取。

【译文】

成帝王之业的争取民众，称霸诸侯的争取友邦，以力服人的争夺土地。争取民众的可以使诸侯臣服，争取友邦的可以使诸侯为友，争夺土地的会使诸侯敌对。使诸侯臣服的能称王天下，同诸侯友好的能称霸诸侯，和诸侯为敌的就危险了。

用强者，人之城守，人之出战，而我以力胜之也，则伤人之民必甚矣。伤人之民甚，则人之民恶我必甚矣；人之民恶我甚，则日欲与我斗。人之城守，人之出战，而我以力胜之，则伤吾民必甚矣。伤吾民甚，则吾民之恶我必甚矣；吾民之恶我甚，则日不欲为我斗。人之民日欲与我斗，吾民日不欲为我斗，是强者之所以反弱也。地来而民去，累多而功少，虽守者益，所以守者损，是大者之所以反削也。诸侯莫不怀交接怨而不忘其敌，伺强大之间，承强大之敝^①，此强大之殆时也。知强大者不务强也，虑以王命全其力，凝其德。力全则诸侯不能弱也，德凝则诸侯不能削也，天下无王霸主则常胜矣^②。是知强道者也。

【译文】

　　单纯依靠强大武力的君主，对方或者据城坚守，或者出城迎战，而我方却想用武力去战胜他们，那么对方的百姓必然受到严重伤害。对方的百姓受到严重伤害，那么必然极其仇恨我方。极其仇恨我方，就会天天想和我方战斗。对方或者据城坚守，或者出城迎战，而我方却想用武力去战胜他们，那么本国百姓必然受到严重伤害。本国百姓受到严重伤害，那么必然极其仇恨我方。极其仇恨我方，那就天天不想为我方战斗。对方的百姓天天想和我战斗，我方的百姓越来越不愿为我战斗，这就是强国反而变弱的原因。夺来土地而失却民心，负累增多而功效甚少，虽然需要守卫的土地增加了，但用来守卫土地的人却减少了，这就是大国反而被削弱的原因。诸侯无不互相结交、心怀怨恨而不忘记他们的共同敌人，他们窥伺强国的破绽，趁其疲弊来进攻，这就是强国的危险时刻了。懂得强大之道的君主不单纯倚仗武力强大，而是以王天下为自己的使命，使自己实力强大，威望巩固。实力强大了，各国诸侯就不能削弱它，威望巩固了，各国诸侯就不能损害它，天下不恃称霸的君主，才能常胜。这是懂得强大之道的君主。

彼霸者不然。辟田野，实仓廪，便备用①，案谨募选阅材伎之士②，然后渐庆赏以先之③，严刑罚以纠之。存亡继绝，卫弱禁暴，而无兼并之心，则诸侯亲之矣；修友敌之道以敬接诸侯④，则诸侯说之矣⑤。所以亲之者，以不并也，并之见则诸侯疏矣⑥；所以说之者，以友敌也，臣之见则诸侯离矣。故明其不并之行，信其友敌之道，天下无王，霸主则常胜矣⑦。是知霸道者也。

【注释】

①便：使……便于使用，改进。备用：兵革器具。

②案：语助词，无实义。阅：容纳。伎：技能。

③渐：加重。先：引导。

④敌：对等。

⑤说：同"悦"。

⑥见：同"现"。

⑦霸主：应为衍字。

【译文】

那些奉行霸道的君主就不是这样。他开垦田地，充实粮仓，改进设备器用，严格谨慎地招募、选拔、接纳有才能技艺的士人，然后用重赏来诱导他们，用严刑来约束他们；使将要灭亡的国家能存在下去，使灭亡了的国家的后代能继续祭祀祖先，保护弱小的国家，制止残暴的国家，却无吞并别国的野心，那么各诸侯国就会亲附；遵行友好平等的原则去恭敬地对待各诸侯国，那么各诸侯国就会悦服。各诸侯国之所以亲附，是因为自己不吞并别国，如果吞并的野心暴露出来，那么各诸侯国就会疏远。各诸侯国之所以悦服，是因为自己遵行友好平等的原则；如果使臣服诸侯的意图暴露出来，那么各国诸侯就会背离。所以，表明自己并无吞并别国的念头，信守友好平等的原则，天下如果没有成就王业的君主，这奉行霸道的君主就能常胜了。这是懂得称霸之道的君主。

闵王毁于五国^①，桓公劫于鲁庄^②，无它故焉，非其道而虑之以王也。

【注释】

①闵王：即齐闵王，或作齐湣（mǐn）王、齐愍王，战国时齐国国君，他在位时齐国曾一度强盛，也曾被燕、秦、魏、韩、赵等五国打败。

②桓公劫于鲁庄：桓公五年（前681），齐桓公与鲁庄公在柯订立盟约，庄公之臣曹沫以匕首胁迫齐桓公归还鲁国被齐国所侵占的领土汶阳之田，齐桓公只得答应。后人大多认为此事出于战国人杜撰。桓

公，齐桓公，春秋时齐国国君。鲁庄，即鲁庄公，春秋时鲁国国君。

【译文】

齐闵王被五国联军击败，齐桓公被鲁庄公的臣子劫持，没有其他的原因，就是因为他们实行的不是王道却想以此来称王。

彼王者不然，仁眇天下^①，义眇天下，威眇天下。仁眇天下，故天下莫不亲也；义眇天下，故天下莫不贵也；威眇天下，故天下莫敢敌也。以不敌之威，辅服人之道，故不战而胜，不攻而得，甲兵不劳而天下服，是知王道者也。知此三具者^②，欲王而王，欲霸而霸，欲强而强矣。

【注释】

①眇（miǎo）：高。

②三具：指上文所述或强、或霸、或王的条件。具，条件。

【译文】

那些奉行王道的君主就不是这样。他的仁德高于天下，道义高于天下，威严高于天下。仁德高于天下，所以天下没有人不亲近他。道义高于天下，所以天下没有人不尊重他。威严高于天下，所以天下没有谁敢与其为敌。拿不可抵挡的威严辅助使人心悦诚服的仁义之道，那么无须战斗即可胜利，不必进攻就能得到，不用一兵一甲而使天下归服，这是懂得称王之道的君主。懂得了这三种条件的君主，想要称王就能称王，想要称霸就能称霸，想要致强就能致强。

王者之人①：饰动以礼义②，听断以类③，明振毫末，举措应变而不穷。夫是之谓有原。是王者之人也。

【注释】

①人：指君主及其大臣。

②饰：通"饬"，整饬。

③听断：处理决断事情。

【译文】

能够成就王业的人：都是能用礼义来约束行为，能遵照法度来处理政事，明察秋毫，能随各种变化采取相应措施而不会束手无策。这叫做掌握了政事的根本。这就是能够实现王道的人。

王者之制：道不过三代，法不贰后王①。道过三代谓之荡②，法贰后王谓之不雅③。衣服有制，宫室有度，人徒有数④，丧祭械用皆有等宜，声则凡非雅声者举废，色则凡非旧文者举息，械用则凡非旧器者举毁。夫是之谓复古。是王者之制也。

【注释】

①贰：背离，违背。

②荡：荒远，引申为渺茫。

③不雅：不正。

④人徒：仆役随从。

【译文】

奉行王道的君主所实行的制度是：奉行的政治原则不超出夏、商、周三代，实行的法度不背离当代的帝王。政治原则超过了三代就太渺茫，法度背离了当代的帝王便叫做不正。不同级别的人着装各有规格，住房各有标准，侍从各有定数，丧葬祭祀用的器具各有等级。音乐凡不合正声的全部废除，色彩凡不合乎原色的全部禁止，器具凡不合旧制的全部毁弃。这就是复古。这就是奉行王道的君主所实行的制度。

王者之论①：无德不贵，无能不官，无功不赏，无罪不罚，朝无幸位，民无幸生，尚贤使能而等位不遗；折愿禁悍而刑罚不过②。百姓晓然皆知夫为善于家而取赏于朝也，为不善于幽而蒙刑于显也。夫是之谓定论。是王者之论也。

【注释】

①论：通“伦”，等类，指用人的方针。

②折：抑制。愿：通“原”，狡诈。

【译文】

奉行王道的君主选用人的方针是：没有德行的不给他尊贵的位置，没有才能的不授予他官爵，没有功劳的不赐予他奖赏，没有罪过的不对他加以处罚。朝廷上没有侥幸获得官位的，百姓中没有触犯法律侥幸逃生的。崇尚贤德，任用才能，授予相适应的地位而无偏差；制裁狡诈，禁止凶暴，施加相适应的刑罚而不过分。使百姓都明白地知道：即使在家里行善修德，也能取得朝廷的奖赏；即使在暗地里为非作歹，也会在光天化日之下受到惩处。此乃公认的用人方针。这就是奉行王道的君主选用人的方法。

王者之法[①]：等赋、政事[②]，财万物[③]，所以养万民也。田野什一，关市几而不征[④]，山林泽梁以时禁发而不税[⑤]。相地而衰政[⑥]，理道之远近而致贡，通流财物粟米，无有滞留，使相归移也[⑦]。四海之内若一家。故近者不隐其能，远者不疾其劳，无幽闲隐僻之国莫不趋使而安乐之[⑧]。夫是之谓人师[⑨]，是王者之法也。

【注释】

①王者之法：指具体的经济政策。原无"法"字，据上文体例补。

②政：通"正"，治。

③财：通"裁"，裁断。

④几：检查。

⑤泽梁：指代湖泊河流等可供发展渔业的内陆水域。泽，湖泊。梁，河堤。

⑥衰（cuī）：等差。政：通"征"。

⑦归：通"馈"，供给。移：运输流通。

⑧无：即使。

⑨人师：人们的表率、榜样。

【译文】

奉行王道的君主的经济政策是：规定好赋税等级，管理好民众事务，管理好万物，来养育亿万民众。农田征收十分之一的田税，关卡和集市只进行检查而不征税，山林湖堤按时封闭和开放而不收税。察看土地的肥瘠来区别征税数额，区分道路的远近来规定进贡数量。使财物和粮食及时流通而无积压，使各地互通有无彼此供给，四海之内就像一家人一样。所以附近的人不隐藏自己的才能，偏远的人不在乎奔走的劳苦，即使是遥远偏僻的国家也无不乐于前来归附并听从驱使。这种君主叫做民众的师表。这就是奉行王道的君主所实行的法度。

北海则有走马吠犬焉，然而中国得而畜使之；南海则有羽翮、齿革、曾青、丹干焉①，然而中国得而财之②；东海则有紫、绤、鱼、盐焉③，然而中国得而衣食之；西海则有皮革、文旄焉④，然而中国得而用之。故泽人足乎木，山人足乎鱼，农夫不斲削、不陶冶而足械用，工贾不耕田而足菽粟。故虎豹为猛矣，然君子剥而用之。故天之所覆，地之所载，莫不尽其美、致其用，上以饰贤良，下以养百姓，而乐安之。夫是之谓大神⑤。《诗》曰："天作高山，大王荒之。彼作矣，文王康之⑥。"此之谓也。

【注释】

①羽翮（hé）：指鸟类羽毛，可做装饰品。翮，鸟羽中间的茎状部分，中空透明。曾（céng）青：矿物质，铜的化合物，色青，可供绘画及熔化黄金。一说即碳酸铜。丹干：同"丹矸"，朱砂，又叫丹砂，即硫化汞。

②财：通"裁"，指根据情况安排使用。

③紶：读作"絺（chī）"，细麻布。绤：读作"绤（xì）"，粗葛布。

④文旄（máo）：指有花纹的牦牛尾。文，花纹，纹理。旄，古代用牦牛尾做装饰的旗子。

⑤神：治。《荀子·儒效》："尽善挟治之谓神。"

⑥"天作高山"四句：引诗见《诗经·周颂·天作》。大王，太王，指古公亶父。荒，大，名望增大。文王，周文王。康，安定。

【译文】

北方有赛马和猎狗，而中原各国可以得到并畜养役使它们；南方有羽毛、象牙、犀牛皮、铜精、朱砂，而中原各国可以得到并利用它们；东方有粗细麻布、鱼、盐，而中原各国可以得到并以其为衣食；西方有皮革和色彩斑斓的牦牛尾，而中原各国可以得到并使用它们。所以渔民会有足够的木材，樵夫会有足够的鲜鱼，农民不必砍削、烧窑、冶炼而有足够的器具，工匠、商人不种地而有足够的粮食。虎、豹够凶猛了，但是君子能够剥下它们的皮来使用。所以天所覆盖的，地所承载的，无不充分发挥其效用，上可以展示君子的尊贵，下可以供养百姓使之安乐。这叫做大治。《诗经》上说："天生成了高大的岐山，太王使它名声增大；太王已经使它名声增大啊，文王又使它安定。"说的就是这个意思。

以类行杂，以一行万，始则终，终则始，若环之无端也，舍是而天下以衰矣。天地者，生之始也；礼义者，治之始也；君子者，礼义之始也。为之，贯之，积重之，致好之者，君子之始也。故天地生君子，君子理天地。君子者，天地之参也①，万物之总也，民之父母也。无君子则天地不理，礼义无统，上无君师，下无父子，夫是之谓至乱。君臣、父子、兄弟、夫妇，始则终，终则始，与天地同理，与万世同久，夫是之谓大本。故丧祭、朝聘、师旅一也②。贵贱、杀生、与夺一也。君君、臣臣、父父、子子、兄兄、弟弟一也。农农、士士、工工、商商一也。

【注释】

①参：参与，配合。指人有治天时、地财和社会的能力。参见《天论》。

②朝聘：古时诸侯定期入都朝见天子。师旅：古时军队中的编制，泛指军队。

【译文】

按类别治理各种纷繁复杂的事物，用统一的法则去治理万事万物，从始到终，周而复始，就像圆环一样没有终端，如果舍弃了这个原则，那么天下就要衰败了。天地是生命的本源，礼义是治国的本源，君子是礼义的本源。制定礼义，推行礼义，培养礼义，到达爱好礼义的地步，是成为君子的本源。所以天地生养君子，君子治理天地。君子是与天地相参配的人，是万物的总管、百姓的父母。没有君子，天地就不能治理，礼义就没有头绪，上无君主、师长的尊严，下无父子之间的伦理道德，这就叫做大乱。君臣、父子、兄弟、夫妻之间的伦理关系，从始到终，从终到始，与天地有上下之分是相同的道理，与千秋万代一样长久，这叫做最大的本源。所以丧葬祭祀的礼仪、诸侯定期朝见天子的礼仪、军队中的礼仪，都是遵循同一道理。使人高贵或卑贱、将人处死或赦免、给人奖赏或处罚，都是遵循同一道理。君主要像个君主、臣子要像个臣子、父亲要像个父亲、儿子要像个儿子、兄长要像个兄长、弟弟要像个弟弟，其道理是一样的。农民要像个农民、读书人要像个读书人、工人要像个工人、商人要像个商人，都是遵循同一道理。

水火有气而无生[1]，草木有生而无知，禽兽有知而无义，人有气、有生、有知，亦且有义，故最为天下贵也。力不若牛，走不若马，而牛马为用，何也？曰：人能群，彼不能群也。人何以能群？曰：分。分何以能行？曰：义。故义以分则和，和则一，一则多力，多力则强，强则胜物，故宫室可得而居也。故序四时，裁万物，兼利天下，无它故焉，得之分义也。故人生不能无群，群而无分则争，争则乱，乱则离，离则弱，弱则不能胜物，故宫室不可得而居也，不可少顷舍礼义之谓也。

【注释】

①气：古代哲学概念，指构成宇宙万物的元素。

【译文】

水、火有气却没有生命，草木有生命却没有知觉，禽兽有知觉却不讲礼义，人有气、有生命、有知觉，而且讲究礼义，所以人在天下万物中最为尊贵。人的力气不如牛大，奔跑不如马快，但牛、马却被人役使，这是为什么呢？就是因为：人能结成社会群体，而它们不能。人为什么能结成社会群体？就是因为有等级名分。等级名分为什么能实行？就是因为有礼义。所以，按礼义确定名分人们就能和睦协调，和睦协调就能团结一致，团结一致力量就大，力量大了就强盛，强盛了就能战胜外物，所以人才有可能在房屋中安居。人能按照四季顺序管理好万事万物，使天下都受益，这并没有其他缘故，就是因为有名分和礼义。所以人要生存就不能没有社会群体，但结成了社会群体而没有等级名分的限制就会发生争夺，争夺就会产生动乱，产生动乱就会离散，离散就会削弱力量，力量弱了就不能胜过外物，所以也就不能在房屋中安居了，这就是说人不能片刻舍弃礼义。

能以事亲谓之孝，能以事兄谓之弟，能以事上谓之顺，能以使下谓之君。君者，善群也^①。群道当则万物皆得其宜，六畜皆得其长^②，群生皆得其命。故养长时则六畜育，杀生时则草木殖，政令时则百姓一，贤良服。

【注释】

①君者，善群也：这里用"群"字来解释"君"，以语音相近的字来解释字义，是我国古代训诂学中的"声训"传统，这种方法往往能揭示词汇间的同源现象。

②六畜：六种家畜，即马、牛、羊、鸡、狗、猪。

【译文】

能够按礼义来侍奉父母的叫做孝，能够按礼义来侍奉兄长的叫做悌，能够按礼义来侍奉君主的叫做顺，能够按礼义来役使臣民的叫做君。所谓君，就是善于把人组织成社会群体的意思。组织社会群体的原则恰当，那么万物都能得到合宜的安排，六畜都能得到应有的生长，一切生物都能得到应有的寿命。所以养殖适时，六畜就生育兴旺，砍伐种植适时，草木就繁殖茂盛，政策法令适时，百姓就能统一，有德才的人就能悦服。

圣王之制也，草木荣华滋硕之时则斧斤不入山林^①，不夭其生，不绝其长也；鼋鼍、鱼鳖、鳅鳣孕别之时^②，罔罟、毒药不入泽^③，不夭其生，不绝其长也；春耕、夏耘、秋收、冬藏四者不失时，故五谷不绝而百姓有余食也；洿池、渊沼、川泽谨其时禁④，故鱼鳖优多而百姓有余用也；斩伐养长不失其时，故山林不童而百姓有余材也。

圣王之用也，上察于天，下错于地⑤，塞备天地之间，加施万物之上，微而明，短而长，狭而广，神明博大以至约。故曰：一与一⑥，是为人者，谓之圣人。

【注释】

①荣华：草本植物开花叫"荣"，木本植物开花叫"华"。

②鼋（yuán）：大鳖，背青黄色，头有疙瘩，俗称癞头鼋。鼍（tuó）：扬子鳄，俗称猪婆龙。鳝（shàn）：同"鳝"。别：指离别母体，即生育。

③罔：网。罟（gǔ）：网的通称。

④洿（wū）池：蓄水的池塘。洿，停积不流的水。渊：深水潭。沼：水池。川：河流。泽：湖泊。

⑤错：通"措"，采取措施。

⑥与：通"举"，统率。

【译文】

圣明帝王的制度是：草木正在开花生长的时候，不准进山采伐，这是为了不妨害它们的生长和繁殖；鼋、鼍、鱼、鳖、泥鳅、鳝鱼等受孕产卵的时候，渔网、毒药不准投入湖泽，这是为了不妨害它们的生长和繁殖；春天耕种、夏天锄草、秋天收获、冬天储藏，这四件事都不误时节，五谷就会不断生长而百姓便有余粮；池塘、水潭、河流、湖泊，严禁在规定时期内捕捞，鱼、鳖就会丰饶繁多而百姓便食之不尽；树木的砍伐与培植不误时节，山林就不会光秃秃的而老百姓便会有富余的木材。

圣明帝王的作用是：上能明察天时的变化，下能安排好土地的开发；其作用充满天地之间，施加到万物之上，隐微而又显著，短暂而又久长，狭窄而又广阔，圣明博大却又极为简约。所以说：以统一的礼义原则来统率一切事物的人，就叫做圣人。

序官：宰爵知宾客、祭祀、飨食、牺牲之牢数①，司徒知百宗、城郭、立器之数②，司马知师旅、甲兵、乘白之数③。修宪命，审诗商④，禁淫声，以时顺修，使夷俗邪音不敢乱雅⑤，大师之事也⑥。修堤梁，通沟浍⑦，行水潦⑧，安水臧⑨，以时决塞，岁虽凶败水旱，使民有所耘艾⑩，司空之事也⑪。相高下，视肥饶⑫，序五种，省农功，谨蓄藏，以时顺修，使农夫朴力而寡能，治田之事也。修火宪，养山林薮泽草木鱼鳖百索⑬，以时禁发，使国家足用而财物不屈⑭，虞师之事也⑮。顺州里⑯，定廛宅⑰，养六畜，闲树艺⑱，劝教化，趋孝弟⑲，以时顺修，使百姓顺命，安乐处乡，乡师之事也⑳。论百工，审时事，辨功苦㉑，尚完利，便备用，使雕琢文采不敢专造于家，工师之事也㉒。相阴阳㉓，占祲兆㉔，钻龟陈卦㉕，主禳择五卜㉖，知其吉凶妖祥，伛巫、跛击之事也㉗。修采清㉘，易道路，谨盗贼，平室律㉙，以时顺修，使宾旅安而货财通，治市之事也。抃急禁悍㉚，防淫除邪，戮之以五刑㉛，使暴悍以变，奸邪不作，司寇之事也㉜。本政教，正法则，兼听而时稽之，度其功劳，论其庆赏，以时慎修，使百吏免尽而众庶不偷㉝，冢宰之事也。论礼乐，正身行，广教化，美风俗，兼覆而调一之，辟公之事也㉞。全道德，致隆高，綦文理㉟，一天下，振毫末，使天下莫不顺比从服，天王之事也。故政事乱则冢宰之罪也；国家失俗则辟公之过也；天下不一，诸侯俗反㊱，则天王非其人也。

【注释】

①宰爵：官名。掌管接待宾客、祭祀时供应酒食祭品等事务。宰，主管。爵，古代酒器。知：掌管。飨（xiǎng）：用酒食招待人。牺牲：供祭祀用的牛、羊、猪等牲畜。牢：指祭祀的牲品。古代以猪、牛、羊三牲称作"太牢"。猪、羊二牲称为"少牢"。

②司徒：官名，掌管民政与教化。

③司马：官名，掌管军队。师旅：泛指军队。古代军制以二千五百人为师、五百人为旅。乘（shèng）白：车马士兵。乘，四马一车为一乘。白，通"伯"，古代军队的编制，十人为什，百人为伯。

④商：通"章"，乐章。

⑤夷俗：指野蛮落后的风俗习惯。夷，古代对少数民

族的蔑称。

⑥大（tài）师：乐官之长。大，同"太"。

⑦沟浍（kuài）：田间的大沟渠。沟，宽、深各四尺。浍，宽、深各一丈六尺。

⑧潦（lǎo）：积水。

⑨臧（cáng）：同"藏"，储藏之处。

⑩艾（yì）：通"刈"，收割。

⑪司空：主管农田水利工程的长官。

⑫硗（qiāo）：土质坚硬而不肥沃。

⑬百索：对山林薮泽的各种需求，如伐木、捕鱼之类。

⑭屈（jué）：竭，尽。

⑮虞师：管理山林湖泊的长官。

⑯州里：周代二千五百家为州，二十五家为里。本为行政单位，此处泛指乡里。

⑰廛（chán）宅：市场上的店铺叫"廛"，居民区的住所叫"宅"。

⑱闲：学习。树艺：种植。栽植称"树"，播种称"艺"。

⑲趣（cù）：敦促，促使。弟（tì）：同"悌"。

⑳乡师：周代行政长官，一乡辖五州（一万二千五百家，参上注）。

㉑功：精善。苦（gǔ）：通"盬"，粗劣。

㉒工师：管理手工制造的长官。

㉓阴阳：古代思想家认为，万物的构成皆有一对正反矛盾的基本元素，二者对立统一又此消彼长，谓之

阴阳。天地、日月、昼夜、男女等等皆分属阴阳。万物的生成、变化、发展、衰落都取决于阴阳的转化，所以预测事物发展趋势就要观察阴阳。

㉔占：观察征兆来预测吉凶。祲（jìn）：象征不祥的云气。

㉕钻龟：古代占卜之法，在龟板上钻孔，烧烤钻孔处使其出现裂纹，根据裂纹预测吉凶。陈卦：古代占卜之法，用四十九根蓍草按一定的方式计算，把得出的奇数偶数作为阴阳符号，排列成卦，以此来推断吉凶。古人用卜和筮两种方法推断吉凶，遇到大事先筮后卜。

㉖禳（ráng）：古代以祭祷来排除灾祸的一种迷信活动。择：选择吉日，古时祭祀、婚嫁、安葬等，均须选吉日而行。五卜：指占卜时龟板上出现的五种兆形，即雨兆（雨点状）、霁兆（云雾状）、蒙兆（阴云状）、驿兆（云气断而不连状）、克兆（云形交错状）。详见《尚书·洪范》。

㉗击：读为"觋（xí）"。古代专职卜卦者，男称"觋"，女称"巫"。

㉘采清：等于说"粪溷"，粪坑、厕所的意思。采，即古"屎"字。清，通"圊"，厕所。

㉙室律：室，当是"质"之音误，贸易时买方抵押给卖方的代金券。因为它具有法律效力，所以称"质律"。

㉚扴急：为"折愿"之误。

㉛五刑：五种轻重不同的刑法，各时代内容不尽相同。

古代以墨（脸上刺字后涂墨）、劓（yì，割鼻）、刖（fèi，断脚）、宫（阉割生殖器）、大辟（砍头）为五刑。

㉜司寇：主管司法的最高长官。

㉝免：通"勉"，努力。尽：指尽心。

㉞辟（bì）公：诸侯。

㉟纂文理：使礼义法度极为完善。

㊱俗：通"欲"。

【译文】

说说官吏的职责：宰爵掌管接待宾客和祭祀时供给酒食和牺牲的数量，司徒掌管宗族的世系人口和城郭器械的数量，司马掌管军队和铠甲、兵器、车马、士兵的数量。修订法令，审查诗歌乐章，禁止淫邪的音乐，根据时势进行整顿，使蛮夷的风俗和淫邪的音乐不敢扰乱正声雅乐，这是太师的职责。修理堤坝桥梁，疏通沟渠，引水排涝，修固水库，根据时势来放水蓄水，即使是歉收或旱涝不断的凶年，也能使民众能够耕耘而有所收获，这是司空的职责。观察地势的高低，识别土质的肥沃与贫瘠，合理安排各种农作物的种植季节，检查农事，认真储备，根据时势进行整顿，使农民朴实勤劳地耕作而不旁骛，这是农官的职责。制订防火的条令，养护山林、湖泊中的草木、鱼鳖，对于人们的各种需求，按照时节来禁止或开放，使国家有足够用的物资而不匮乏，这是虞师的职事。和顺乡里，划定店铺与民居的区域，使百姓饲养六畜、熟习种植，鼓励人们接受教育感化，促使人们孝顺父母、敬爱兄长，根据时势进行整顿，使百姓服从命令，安居乡里，这是乡师的职责。考察各类工匠的手艺，审察各个时节的生产事宜，鉴定产品质量的好坏，重视产品的坚固好用，储藏设备用具便于使用，使雕刻图案的器具与有彩色花纹的礼服不敢私自制造，这是工师的职责。观察阴阳的变化，视云气来预测吉凶，钻灼龟甲，排列蓍草以观卦象，掌管五占，预见吉凶祸福，这是驼背女巫与跛脚男巫的职责。整治厕所，平整道路，严防盗贼，公正地审定贸易债券，根据时势来整治，使商人旅客安全而货物钱财顺畅流通，这是治市的职责。制裁狡猾奸诈的人，禁锢凶狠强暴的人，防止淫乱，铲除邪恶，用五种刑罚来惩治罪犯，使强暴凶悍的人有所转变，使淫乱邪恶的事不再发生，这是司寇的职责。把政治教化作为治国的根本，修正法律准则，多方听取意见并按时对臣属进行考核，衡量功绩，评定奖赏，根据时势进行整顿，使各级官吏都尽心竭力而老百姓都不敢苟且，这是冢宰的职责。重视礼乐，端正行为，推广教化，改善风俗，管理百姓使之协调一致，这是诸侯的职责。完善道德，追求崇高的政治，崇尚文理，统一天下，即使是微小的事都能振兴，使天下没有谁不归顺悦服，这是天王的职责。所以政事混乱，就是冢宰的罪过；国家风俗败坏，就是诸侯的过错；天下不统一，诸侯想造反，那便是因为天子不是理想的人选。

具具而王^①，具具而霸，具具而存，具具而亡。用万乘之国者，威强之所以立也，名声之所以美也，敌人之所以屈也，国之所以安危臧否也^②，制与在此，亡乎人。王、霸、安存、危殆、灭亡，制与在我^③，亡乎人^④。夫威强未足以殆邻敌也，名声未足以县天下也^⑤，则是国未能独立也，岂渠得免夫累乎^⑥！天下胁于暴国，而党为吾所不欲于是者^⑦，日与桀同事同行，无害为尧，是非功名之所就也，非存亡安危之所堕也^⑧。功名之所就，存亡安危之所堕，必将于愉殷赤心之所^⑨。诚以其国为王者之所，亦王；以其国为危殆灭亡之所，亦危殆灭亡。

【注释】

①具具：前"具"为动词，具备。后"具"为名词，条件。

②臧否（pǐ）：好坏。此为偏义表达，偏指"安"、"臧"，"危"、"否"无义。

③与：通"举"，都。

④亡（wú）：无，不。

⑤县：同"悬"，挂。此句指挂在天下人嘴边，到处传扬。

⑥渠（jù）：通"讵"，岂。

⑦党：同"倘"，倘若。

⑧存亡安危：偏指"存"、"安"。堕：当为"随"字之误。

⑨愉殷：当殷盛之时而愉乐。愉，愉快。殷，强盛。

【译文】

具备了相应的条件就能够称王，具备了相应的条件就可以称霸，具备了相应的条件就能安存，具备了相应的条件就会灭亡。治理拥有万乘兵车的大国的君王，其威势之所以确立，其名声之所以美好，其敌人之所以屈服，其国家之所以安全发达，关键在于自身而不在别人。是称王还是称霸，是平安生存还是危殆乃至灭亡，关键都在自身而不在别人。威势还不足以震慑相邻的敌国，名声还没有使天下有口皆碑，那么这国家还不能独立，哪里能够免除忧患呢？天下被强暴的国家所胁迫，而倘若这种情况是我方所不愿接受的，那么即使天天与桀那样的暴君一同做事和行动，也不妨害自己成为尧那样的贤君，所以说这不是成就功名的关键，也不是存亡安危的根本原因。成就功名的关键，存亡安危的根本原因，必定取决于国家富强时真心赞同什么与反对什么。如果一心要把自己的国家变成一个实行王道的地方，也就能成就帝王之业；如果要把自己的国家变成危机四伏、覆亡在即的地方，也就会危险乃至灭亡。

殷之日，案以中立无有所偏而为纵横之事①，偃然案兵无动②，以观夫暴国之相卒也③。案平政教，审节奏④，砥砺百姓，为是之日，而兵劲天下劲矣⑤；案修仁义，伉隆高⑥，正法则，选贤良，养百姓，为是之日，而名声劲天下之美矣。权者重之，兵者劲之，名声者美之。夫尧、舜者，一天下也，不能加毫末于是矣。

①案：语助词，无实义。无：通"毋"，不要。纵：南北为"纵"，此指"合纵"。战国时苏秦主张齐、楚、燕、韩、赵、魏六国结成联盟对抗秦国。以六国地理位置上成南北向，故称"合纵"。横：东西为"横"，此指"连横"。秦国为了对付合纵，采纳张仪的主张，与六国分别结盟以各个击破。以秦国在六国之西，东西联合，故称"连横"。

②案：通"按"。

③卒：通"捽（zuó）"，冲突，对打。

④节奏：指礼义制度。

⑤剸（zhuān）：专擅，独占。

⑥亢（kàng）：达到极点。

【译文】

在富强的时候，要保持中立，不要有所偏袒而参与合纵连横，要偃旗息鼓、按兵不动，来静观那些残暴的国家互相争斗。要搞好政治教化，审察礼义制度，训练百姓，做到了这一点的时候，那么军队就是天下最为强劲的了；奉行仁义之道，追求崇高的政治环境，调整法令，选拔贤良，使百姓休养生息，做到了这一点的时候，那么名声就是天下最美好的了。使政权巩固，使军队强劲，使名声美好。就是尧、舜的一统天下，也不过如此而难以再增加一丝一毫了。

权谋倾覆之人退，则贤良知圣之士案自进矣；

刑政平，百姓和，国俗节，则兵劲城固，敌国案自诎矣；务本事，积财物，而勿忘栖迟薛越也①，是使群臣百姓皆以制度行，则财物积，国家案自富矣。三者体此而天下服②，暴国之君案自不能用其兵矣。何则？彼无与至也。彼其所与至者，必其民也，其民之亲我也欢若父母，好我芳若芝兰；反顾其上则若灼黥③，若仇雠。彼人之情性也虽桀、跖④，岂有肯为其所恶贼其所好者哉？彼以夺矣⑤。故古之人有以一国取天下者，非往行之也，修政其所莫不愿，如是而可以诛暴禁悍矣。故周公南征而北国怨⑥，曰："何独不来也？"东征而西国怨，曰："何独后我也？"孰能有与是斗者与？安以其国为是者王。

【注释】

①忘：通"妄"，胡乱。栖迟：分散遗弃。薛越：同"屑越"，碎落的意思，即搞得破碎散乱后又抛弃它。与"屑播"同义。

②体：即"笃志而体"、"身体力行"之"体"，与"行"同义。

③灼：烧。黥（qíng）：即墨刑，用刀在犯人的面额上刺字，再用墨涂在刺纹中。

④桀：夏朝暴君。跖（zhí）：春秋时人，传说为暴虐的盗贼。此喻残暴、贪婪之人。

⑤以：通"已"。

⑥周公：周文王子姬旦，辅佐武王灭纣建周，武王死
　　后其子年幼，周公摄政，东征灭管叔等人叛乱，周
　　代礼乐制度相传亦为其所制订，被古人视为仁德
　　之主。

【译文】

　　玩弄权术机谋进行倾轧陷害的小人被废黜了，那么贤能善良、明智圣哲的君子自然就得到进用了；刑法政令宽严适中，百姓和睦，国家风俗合乎礼义，就能兵力强劲、城防坚固，那么敌国自然就屈服了；致力农耕、积聚财物而不随意挥霍糟蹋，使群臣百姓都按照制度来办事，财物积累，那么国家自然就富足了。用人、理政、理财这三个方面都能按上述去做，那么天下就会归顺，强暴之国的君主也就自然不能对我们动用武力了。为什么呢？因为他已经没有拥护者一起来侵略了。和他一起来侵略的，一定是他统治下的百姓；而他的百姓亲近我方就像亲近父母一样，喜欢我方就像酷爱芝兰的芬芳一样，而回头看他们的国君，却像看到烧伤皮肤、刺脸涂墨的罪犯一样厌恶，像看到了仇人一样愤怒。一个人的本性即便像夏桀、盗跖那样，难道肯为他所憎恶的人去残害他所喜爱的人么？他们已经被我们争取过来了。所以古人有凭借一个国家而取得天下的，并不是靠武力前往掠夺，而是在本国内修明政治，结果没有人不愿归顺，像这样就可以铲除凶恶制止暴行了。所以周公征伐南方时北方的国家都抱怨说："为什么单单不来我们这里呢？"征伐东方时西面的国家都抱怨说："为什么单单把我们丢在后面呢？"谁能同这种人争斗呢？能在自己

的国家做到这些的君主就能称王天下。

殷之日，安以静兵息民，慈爱百姓，辟田野，实仓廪，便备用，安谨募选阅材伎之士；然后渐赏庆以先之，严刑罚以防之，择士之知事者使相率贯也，是以厌然畜积修饰而物用之足也①。兵革器械者，彼将日日暴露毁折之中原，我今将修饰之，拊循之②，掩盖之于府库。货财粟米者，彼将日日栖迟薛越之中野，我今将畜积并聚之于仓廪；材技股肱、健勇爪牙之士③，彼将日日挫顿竭之于仇敌，我今将来致之、并阅之、砥砺之于朝廷④。如是，则彼日积敝，我日积完；彼日积贫，我日积富；彼日积劳，我日积佚。君臣上下之间者，彼将厉厉焉日日相离疾也⑤，我今将顿顿焉日日相亲爱也⑥，以是待其敝。安以其国为是者霸。

【注释】

①厌（yān）然：安然。

②拊（fǔ）循：通"拊巡"，抚慰，引申为爱护保养。

③股肱（gōng）：大腿和上臂。喻得力助手。

④并：吞并，此处指包容、接纳。阅：容纳。

⑤厉厉焉：嫉恨的样子。

⑥顿顿（zhūn）焉：诚恳笃厚的样子。

【译文】

在国家强盛时，采取停止用兵、休养人民的方针，爱护百姓，开垦田野，充实粮仓，储存设备器用以备使用，谨慎地招募、选拔、接纳有才能技艺的士人，然后加重奖赏来诱导他们，加重刑罚来约束他们，挑选其中明白事理的人统率他们，这样就可以积蓄粮食财物、修理改进器用设备，那么财富物资也就充足。兵革器械之类，对方天天毁坏丢弃在原野上，而我方则修整爱护、勤加保养，收藏在仓库里；财物粮食之类，对方天天把它们遗弃散落在田野中，而我方则不断积累，集中储藏在仓库里。有才能技艺的辅佐大臣、健壮勇敢的武士，对方天天让他们在对敌时备受挫折、困顿而筋疲力尽，而我方则在朝廷上招募、容纳、锻炼他们。像这样，那么对方一天天地衰败，我方则一天天地完善；对方一天天地贫困，我方则一天天地富裕；对方一天天地疲惫，我方则一天天地安逸。君臣上下之间的关系，对方是恶狠狠地日渐背离、憎恨，我方则诚心诚意地日渐相亲相爱，以此来等待他们的衰败。能在自己的国家做到这些的君主就能称霸诸侯。

立身则从佣俗^①，事行则遵佣故，进退贵贱则举佣士，之所以接下之人百姓者则庸宽惠，如是者则安存。立身则轻楛^②，事行则蠲疑^③，进退贵贱则举佞说^④，之所以接下之人百姓者则好取侵夺，如是者危殆。立身则愉暴^⑤，事行则倾覆，进退贵贱则举幽险诈故^⑥，之所以接下之人百姓者，则好用其死力矣，而慢其功劳，好用其籍敛矣^⑦，而忘其本务，如是者灭亡。

【注释】

①佣：平庸，平常。

②楛（kǔ）：恶。

③躅（juān）疑：毫不迟疑，指急躁鲁莽、毫无顾忌。躅，除去。

④佞说：口齿伶俐。说，通"锐"。一说"说"通"悦"，讨好，佞说，指谄媚之人。

⑤恔（jiāo）：骄矜。

⑥故：巧诈。

⑦籍：税。敛：征收。

【译文】

做人依从平常的风俗，做事遵循平常的惯例，在任免、升迁方面提拔平庸无能的人，用来对待百姓的政令宽容仁爱，像这样的君主能安全生存。做人草率恶劣，做事肆无忌惮，在任免、升迁方面提拔巧言令色的人，用来对待百姓的政令热衷于侵占掠夺，像这样的君主就危险了。做人骄傲暴虐，做事则反复无常，在任免、升迁方面提拔阴险狡诈的人，用来对待百姓的态度是只令其为自己卖命而怠慢其功劳、一味搜刮聚敛而不扶持农业，像这样的君主就会灭亡。

此五等者，不可不善择也，王、霸、安存、危殆、灭亡之具也。善择者制人，不善择者人制之；善择之者王，不善择之者亡。夫王者之与亡者、制人之与人制之也，是其为相县也亦远矣①。

【注释】

①县：同"悬"，悬殊，差别。

【译文】

　　以上这五种做法，不能不好好选择，它们是称王、称霸、安存、危险、灭亡的条件。善于选择的就能制服别人，不善于选择的就被别人制服；善于选择的就能称王天下，不善于选择的就会灭亡。而称王和灭亡、制服别人和被人制服，其间的差别就太远了。

天　论

　　《天论》是一篇论述天人之间，即自然与社会关系的文章。中心思想是"天有其时，地有其财，人有其治"及"官天地、役万物"。

　　荀子认为，"天行有常"，自然的运行有其自身的规律，不会受任何人类意志的影响。因此，他明确提出"明于天人之分"的观点，认为人应该"不与天争职"、"不慕其在天者"，而要"敬其在己者"，做自己所能做的事，从而与天相参。他所说的人之所参，不是指违背自然规律行事，而是指取法天地，在顺应、利用客观规律的基础上，改造自然，从而达到为人类谋福利的目的。此即所谓"物畜而制之"、"制天命而用之"的意思。

　　文章还批驳了当时流行的一些迷信思想，认为很多自然中的现象，如日月蚀、风雨不时、怪星党见等，都是自然现象的变异，与人治无关。这些都是荀子思想中非常独特而有价值的地方。

天行有常①，不为尧存②，不为桀亡③。应之以治则吉④，应之以乱则凶。强本而节用⑤，则天不能贫，养备而动时⑥，则天不能病；循道而不忒⑦，则天不能祸。故水旱不能使之饥渴，寒暑不能使之疾，袄怪不能使之凶⑧。本荒而用侈，则天不能使之富；养略而动罕⑨，则天不能使之全；倍道而妄行，则天不能使之吉。故水旱未至而饥，寒暑未薄而疾⑩，袄怪未至而凶。受时与治世同，而殃祸与治世异，不可以怨天，其道然也。故明于天人之分，则可谓至人矣。不为而成，不求而得，夫是之谓天职⑪。如是者，虽深，其人不加虑焉；虽大，不加能焉；虽精，不加察焉；夫是之谓不与天争职。天有其时，地有其财，人有其治，夫是之谓能参。舍其所以参，而愿其所参，则惑矣！

【注释】

①天行：天道，自然界的运行规律。常：有一定之常轨。

②尧：传说中上古的圣君。

③桀：夏代最后一个君主，荒淫无道之恶君。

④应：承接，接应。之：指天道。治：在《荀子》书中，常与"乱"对文，表示合于礼义，合理。下文的"乱"则指不合礼义、不合理。

⑤本：指农业。古代以农桑立国，故谓之"本"，工商则谓之"末"。

⑥养：养生之具，即衣食之类。备：充足。动时：动

之以时。这里指役使百姓，不违背时令。

⑦循：遵循，原文作"修"，据文义改。忒：差错。

⑧袄怪：妖怪，指自然灾害和自然界的变异现象。袄，同"妖"。

⑨略：不足。动罕：怠惰的意思。

⑩薄：迫近。

⑪"不为而成"三句：即孔子所言"天何言哉？四时行焉，百物生焉，天何言哉"之意。为，作为。求，求取。

【译文】

自然界的运行有自己的规律，不会因为尧之仁而存在，也不会因为桀之暴而消亡。用合理的措施来承接它就吉利，用不合理的措施来承接它就不吉利。加强农业，节省用度，那么老天不会让他贫穷，衣食充足而让百姓按季节劳作，那么老天就不会使其困苦；顺应自然规律而无差失，那么老天就不会降祸于他。所以水涝干旱不能使之饥渴，四季冷热的变化不能使其生病，灾异的现象也不能带来灾凶。反之，农业荒芜而用度奢侈，那么老天不会使其富裕；衣食不足而又懒于劳作，那么老天就不会保全其生；违背天道而胡乱行事，那么老天不会让其安吉。所以没有水旱之灾却出现饥寒，没有冷热近身却出现疾病，没有灾异却发生了凶灾。遭到的天时与治世相同，遇到的灾祸却与治世大异，这不可以归咎于天，而是由于人自己的行为招致的。所以明白天人之间的区别，便可以说是圣人了。不用作为而有成，不用求取而有得，这便是老天的职能。如此，天道虽然深远，圣人不会随意测度；天道虽然广大，圣人也不会以为自己有能力去施加什么；天道虽然精微，圣人也不去考察；这就叫不与老天争职。天有四季寒暑，地有自然资源，人有治理能力，这就叫与天地参与配合。放弃自己配合参与的能力，而羡慕天时地财的功能，这就糊涂了。

列星随旋①，日月递炤②，四时代御③，阴阳大化④，风雨博施，万物各得其和以生，各得其养以成，不见其事而见其功，夫是之谓神。皆知其所以成，莫知其无形⑤，夫是之谓天⑥。唯圣人为不求知天。

【注释】

①随旋：相随旋转。

②递：互相更替。炤：同"照"。

③代御：交替进行。御，进行。

④阴阳大化：寒暑变化万物。

⑤无形：没有形迹可见。

⑥夫是之谓天：一说"天"字下脱一"功"字，应为"夫是之谓天功"。

【译文】

群星相随相转，日月交替照耀，四季循环代行，寒暑变化，万物生长，风雨普施人间，万物都得其调和以生，都得其长养以成，看不见它化生万物的痕迹，只见到它的功效，这就是大自然的神妙啊。人们都看得见大自然所生成的万物，却不知道它生成万物的那种无形过程，这就是称其为天的原因啊。天道难测，所以只有圣人才知道只尽人事，而不费力气去寻求了解天的道理。

天职既立，天功既成，形具而神生。好恶、喜怒、哀乐臧焉①，夫是之谓天情②。耳、目、鼻、口、形能③，各有接而不相能也，夫是之谓天官④。心居中虚以治五官⑤，夫是之谓天君。财非其类⑥，以养其类，夫是之谓天养。顺其类者谓之福，逆其类者谓之祸，夫是之谓天政⑦。暗其天君，乱其天官，弃其天养，逆其天政，背其天情，以丧天功，夫是之谓大凶。圣人清其天君，正其天官，备其天养，顺其天政，养其天情，以全其天功。如是，则知其所为，知其所不为矣，则天地官而万物役矣⑧。其行曲治⑨，其养曲适⑩，其生不伤，夫是之谓知天。

【注释】

①臧：通"藏"。

②天情：人所自然具有的情感。

③形能：当为"形态"。

④天官：人所自然具有的感官。

⑤中虚：人之中心空虚之地，指胸腔。治：支配，统治。

⑥财：通"裁"，裁夺，利用。非其类：人类以外的万物，如饮食衣服等。

⑦政：政治，言有赏罚之功。

⑧官：职，指天地各得其职。役：驱使。

⑨曲治：各方面都治理得很好。曲，曲尽，周遍。

⑩曲适：各方面都恰当。

【译文】

天的职能已经确立，天的功效已经形成，人的形体也具备了，于是精神也产生了。好恶、喜怒、哀乐都藏于其中，这就是人自然的情感。耳、目、鼻、口、形各有不同的感触外界的能力，却不能互相替代，这就是人天生的感官。心居中心而统率五官，这就是天生的主宰者。饮食、衣服等万物，不是人类，人们却利用它们来供养自己的口腹身体，这就是老天的自然之养。能利用自然之物来供养人类的就是福，不能利用自然之物供养人类的就是祸患，这就叫天之政令。心智昏乱不清，声色犬马过度，不能务本节用，不能裁用万物养育人类，喜怒、哀乐没有节制，从而失去了天的生成之功，这就是大灾难了。圣人则心智清明，端正其官能享受，完备其养生之具，顺应自然的法则，调和喜怒哀乐的情感，以此来保全天的生成之功。这样的话，就知道人所能做和应做的事，也知道人所不能做和不应做的事，那么天、地都能发挥它的作用，万物都能被人类役使了。人的行动在各方面都处理得很好，养民之术完全得当，使万物生长，不被伤害，这就叫做"知天"。

故大巧在所不为，大智在所不虑。所志于天者①，已其见象之可以期者矣②；所志于地者，已其见宜之可以息者矣^③；所志于四时者，已其见数之可以事者矣^④；所志于阴阳者，已其见和之可以治者矣^⑤。官人守天^⑥，而自为守道也。

【注释】

①所志于天者：所知于天者。志，通"识"，知。下同。

②已：通"以"。下同。见：同"现"。象：天之垂象，指日月星辰之类。期：四时之节候。

③宜：适宜。这里指适宜农作物生长。息：蕃息，繁殖生长。

④数：指四时季节变化的次序，即春生夏长秋收冬藏。事：这里指从事农业生产。

⑤和：调和，和谐。

⑥官人：指掌管天文历法和掌管农业生产的官，主管观测天象、辨别土宜、测察气候、协调阴阳寒暑等事。

【译文】

所以最能干的人在于他有所不为，不去做那些不能做和不应做的事，最聪明的人在于他有所不想，不去考虑那些不能考虑和不应考虑的事。从天那里可以了解到的，是通过垂象之文，可以知道节候的变化；从地那里可以了解到的，是通过土地的适宜生长，可以知道农作物的繁殖；从四季那里可以了解到的，是根据节气变化的次序可以安排农业生产；从阴阳变化可以了解到的，是从阴阳调和中可以知道治理的道理。掌管天文历法的人只是观察天象，而圣人则是按照上面所说的道理治理天下。

治乱天邪？曰：日月、星辰、瑞历①，是禹、桀之所同也，禹以治，桀以乱，治乱非天也。时邪？曰：繁启蕃长于春夏②，畜积收藏于秋冬，是又禹、桀之所同也，禹以治，桀以乱，治乱非时也。地邪？曰：得地则生，失地则死，是又禹、桀之所同也，禹以治，桀以乱，治乱非地也。《诗》曰："天作高山，大王荒之；彼作矣，文王康之③。"此之谓也。

【注释】

①瑞历：历象。古代作璇、玑、玉衡以象日月星辰之运转，故曰"瑞历"。

②繁启：指农作物纷纷发芽出土。蕃：茂盛。

③"天作高山"四句：此处引诗见《诗经·周颂·天作》。高山，岐山，在今陕西岐山。大王，太王，即周人的祖先古公亶（dǎn）父。荒，大。康，安定。

【译文】

治、乱是由天决定的吗？日月、星辰、历象，这在大禹、夏桀时代都是相同的，禹用此而治，桀用此而乱，可见治、乱之由不在于天。是由时令决定吗？春生夏长，秋收冬藏，这也是大禹、夏桀所共同的，禹用此而治，桀用此而乱，可见治、乱之由不在于时。是由地决定的吗？植物得到土地就生，失去土地就死，这又是大禹、夏桀所共同的，禹用此而治，桀用此而乱，可见治、乱之由不在于地。《诗经》上说："天生成了高大的岐山，太王使它名声增大；太王已经使它名声增大啊，文王又使它安定。"说的就是这个意思。

天不为人之恶寒也辍冬①，地不为人之恶辽远也辍广，君子不为小人匈匈也辍行②。天有常道矣③，地有常数矣④，君子有常体矣⑤。君子道其常而小人计其功。《诗》曰："礼义之不愆兮，何恤人之言兮⑥。"此之谓也。

【注释】

①辍（chuò）：停止。

②匈匈：同"讻讻"，喧哗之声。

③常道：一定之道。常，恒常。

④常数：一定的法则。

⑤常体：一定的行为标准。

⑥"礼义之不愆兮"两句：此处引诗不见于《诗经》，当为逸诗。愆，差失。恤，在意，顾虑。

【译文】

天不会因为人讨厌冷而废止冬天，地不会因为人讨厌辽远而废止广大，君子也不会因为小人的吵闹喧嚷而停止善行。天有一定之道，地有一定的法则，君子有一定的做人标准。君子执守善道，小人却计算其功利得失。《诗经》说："在礼义上没有差失，又何必顾虑别人的议论呢？"说的就是这个意思。

楚王后车千乘①，非知也②；君子啜菽饮水③，非愚也，是节然也④。若夫志意修，德行厚，智虑明，生于今而志乎古，则是其在我者也。故君子敬其在己者，而不慕其在天者；小人错其在己者⑤，而慕其在天者。君子敬其在己者而不慕其在天者，是以日进也；小人错其在己者而慕其在天者，是以日退也。故君子之所以日进与小人之所以日退，一也⑥。君子小人之所以相县者，在此耳。

【注释】

①乘（shèng）：一车四马为乘。

②知：同"智"。

③啜（chuò）：吃。菽（shū）：豆类的总称。这里泛指粗粮。

④节：适。适与之遇，所谓命也。

⑤错：通"措"，舍弃。

⑥一：理由是一样的。这里是指君子小人同是出于"慕"字，所慕不同，结果也就不同。

【译文】

楚王后面跟随的车有一千辆，并不是因为他聪明；君子吃粗粮淡饭，并不是因为他愚笨，只是命运的安排，恰好碰上了。如果一个人志意端正、德行美好，思虑精明，生活在今天却向往古代圣贤之道，那么这就是在意自己的努力了。所以君子尊重自己的努力，而不羡慕那些由上天决定的事；小人放弃了自己的努力，而羡慕由上天决定的事。君子重视自己的努力而不羡慕由上天决定的事，所以日益精进；小人放弃自己的努力而羡慕由上天决定的事，所以每日退步。君子日进而小人日退，道理是一样的。君子和小人之所以相差如此悬殊，原因就在这里。

　　星队、木鸣①，国人皆恐。曰：是何也？曰：无何也，是天地之变，阴阳之化，物之罕至者也，怪之可也，而畏之非也。夫日月之有蚀，风雨之不时，怪星之党见②，是无世而不常有之。上明而政平，则是虽并世起，无伤也；上暗而政险，则是虽无一至者，无益也。夫星之队、木之鸣，是天地之变，阴阳之化，物之罕至者也。怪之可也，而畏之非也。

【注释】

①星队：流星坠落。队，同"坠"。木鸣：古代祭神
　　用的树，因风吹而发出声音，古人以为怪异。木，
　　指社树。
②党：同"倘"，偶然。

【译文】

　　流星坠落，树木发声，人们都感到恐慌。说：这是怎么回事？答到：没有什么，这只是天地阴阳的变化，事物中较少出现的现象。感到奇怪是可以的，但惧怕它却是不可以的。日月有亏蚀，风雨可能不按时节，怪星偶然出现，这是任何时代都曾经出现过的。君主贤明而政治稳定，那么即使这些现象在一个时代出现，也不会有什么妨害。君主昏聩而政治险恶，那么即使这些现象都不出现，也没有

什么帮助。因此，流星坠落，树木发声，这只是天地阴阳的变化，事物中较少出现的现象。感到奇怪是可以的，但惧怕它却是不可以的啊。

　　物之已至者，人祆则可畏也①。楛耕伤稼②，楛耘失岁，政险失民，田薉稼恶③，籴贵民饥④，道路有死人，夫是之谓人祆。政令不明，举错不时，本事不理⑤，夫是之谓人祆。礼义不修，内外无别，男女淫乱，则父子相疑，上下乖离⑥，寇难并至，夫是之谓人祆。祆是生于乱。三者错⑦，无安国。其说甚尔⑧，其灾甚惨。勉力不时，则牛马相生，六畜作祆⑨，可怪也，而不可畏也。传曰："万物之怪，书不说。无用之辩，不急之察，弃而不治。"若夫君臣之义，父子之亲，夫妇之别，则日切瑳而不舍也⑩。

【注释】

①人祆：人为的灾祸。

②楛（kǔ）：粗劣。

③薉：通"秽"，荒芜。

④籴（dí）贵：粮价贵。籴，买粮食。

⑤本事：指农业生产。

⑥乖离：背离。

⑦三者：指上述三种人祆。错：交错。

⑧尔：通"迩"，浅近。

⑨"勉力不时"三句：与前后文义不接，疑为传抄之

误，当删去。

⑩切瑳：即"切磋"。瑳，通"磋"。

【译文】

在已经发生的事情中，人为的灾祸是最可怕的了。耕作粗劣，伤害庄稼，锄草粗糙，影响收成，政治险恶，失去民心，田地荒芜，庄稼粗恶，粮价昂贵，百姓饥饿，路有死人，这就叫人为的灾祸。政治法令不明，举措失当，不理农事，这也是人为的灾祸；礼义不整顿，男女无别，关系淫乱，就会导致父子之间互相不信任，上下背离，内忧外患一起到来，这也是人为的灾祸。人祸源于混乱。三种灾祸交错而至，国泰民安就实现不了。这个道理说起来很简单，但带来的灾难却非常惨重。可以感到奇怪，但不可畏惧。古书上说："天下的怪现象，书上是不讲的。无用的辩说，不切急用的考察，应当抛弃不要。"至于君臣之义，父子之亲，夫妇之别，则应该天天琢磨研究而不能有片刻停止。

雩而雨①，何也？曰：无何也，犹不雩而雨也。日月食而救之，天旱而雩，卜筮然后决大事②，非以为得求也，以文之也③。故君子以为文，而百姓以为神，以为文则吉，以为神则凶也。

【注释】

①雩（yú）：古代求雨的祭祀。

②卜：古代用龟甲兽骨占吉凶叫"卜"。筮（shì）：

古代用蓍草占吉凶叫"筮"。

③文：文饰。

【译文】

祭神求雨而下了雨，这是为什么？答：没什么，如同不祭神求雨而下雨一样。日食月食发生了人们会去求救，天旱了会去祭神求雨，通过占卜来决定国家大事，这些都不是因为能祈求到什么，而是一种文饰，只是为了向百姓表示关切之心。所以君子认为这些只是文饰，而百姓会以为是神灵之事。顺人之情，只当作文饰就是无害的，以为真有神灵，淫祀祈福，则是凶险的。

在天者莫明于日月，在地者莫明于水火，在物者莫明于珠玉，在人者莫明于礼义。故日月不高，则光晖不赫；水火不积，则晖润不博①；珠玉不睹乎外，则王公不以为宝；礼义不加于国家，则功名不白②。故人之命在天，国之命在礼。君人者隆礼尊贤而王③，重法爱民而霸，好利多诈而危，权谋、倾覆、幽险而尽亡矣。

【注释】

①晖：同"辉"。润：指水的光泽。

②白：显露。

③王：称王于天下。

【译文】

在天上的没有比日月更明亮的了，在地上的没有比水火更鲜明的了，在万物中没有比珠玉更光亮的了，在人群中没有比礼义更明亮的了。所以日月不高悬于天，它的光辉就不显赫；水火不厚积，它的光辉和光泽就不多；珠玉不显露于外，王公贵卿就不会以之为宝；礼义不施于国家，那么它的功绩和名声就不会显著。所以人的命运在于如何对待天，国家的命运在于如何对待礼义。君主尊尚礼义，敬重贤人，才能称王于天下，重视法制，爱护人民，才能称霸于诸侯；贪婪自私而狡诈，国家就会危险；玩弄权术、搞颠覆、阴险狡诈，国家就会灭亡。

大天而思之，孰与物畜而制之①？从天而颂之，孰与制天命而用之？望时而待之，孰与应时而使之？因物而多之②，孰与骋能而化之？思物而物之③，孰与理物而勿失之也？愿于物之所以生，孰与有物之所以成④？故错人而思天，则失万物之情⑤。

【注释】

①孰与：哪里比得上。物畜：把天当作物来看待。

②因：顺，引申为听任。

③物之：使物为己所用。

④"愿于物之所以生"两句：荀子的思想，以为物之生虽在天，物之成却在人，主张不必去探究万物为什么产生，而要尽人事促成其成。愿，仰慕，思慕。有，据有，把握。

⑤"故错人而思天"两句：荀子认为，物生在天，成之

在人，这才是万物之情。如果放弃人事努力而一味
仰慕天，就失去了万物最真实的情。错，通"措"，
置，放弃。万物之情，万物的实情。

【译文】

推崇天而思慕它，何如当作物来控制它？顺从天而赞
美它，何如制服天而利用它？盼望天时而指望它，何如顺
应季节的变化而役使它？听任万物而羡慕其多，何如施展
自己的才能而化用它？希望得到万物以为己用，何如治理
万物而让它得到充分合理的利用？思考万物之所以产生，
何如把握万物之所以成？所以放弃人事努力而思慕天的恩
赐，就会失掉万物之实情。

百王之无变，足以为道贯①。一废一起②，应之
以贯，理贯不乱。不知贯，不知应变，贯之大体未
尝亡也。乱生其差③，治尽其详④。故道之所善⑤，中
则可从⑥，畸则不可为⑦，匿则大惑⑧。水行者表深，
表不明则陷；治民者表道，表不明则乱。礼者，表
也。非礼，昏世也。昏世，大乱也。故道无不明，
外内异表，隐显有常⑨，民陷乃去。

【注释】

①道贯：一贯的原则。这里指礼。

②一废一起：指朝代的兴衰。

③其差：运用道发生差错。

④其详：运用道周密详尽。

⑤所善：所认为正确的东西。

⑥中（zhòng）：符合。

⑦畸：指与道偏离。

⑧匿：同"慝（tè）"，差错。

⑨有常：有一定的规则。

【译文】

经历百代帝位都没有改变的东西，是足以作为通用的原则的。朝代的兴衰之间，都应该有一个通用的原则去顺合它，有一个通用的原则，社会就可以不乱。不知道一贯的原则，就不知道怎样应变。这个原则的基本内容从来不曾消亡过。社会发生混乱，是因为这个原则的运用发生了偏差；社会安定，是因为这个原则运用得完备周详。所以，道的标准认为正确的东西，符合的就可以照办，偏离的就不能做，违背的就会造成极大的惑乱。涉水的人，要靠指示水的深浅的标志过河，如果标志不清楚，就会掉进河里淹死；统治民众的人，必然要标出其所行之道，标志不明就会导致混乱。礼，就是治国的标志。违背礼，就是昏暗的年代。昏暗的年代，天下就会大乱。所以道没有不明确的，外事内政有不同的标准，内在的、外在的都有一定的规则，这样，人民的灾难就可以避免了。

万物为道一偏，一物为万物一偏，愚者为一物一偏，而自以为知道，无知也。慎子有见于后①，无见于先；老子有见于诎②，无见于信③；墨子有见于齐④，无见于畸⑤；宋子有见于少⑥，无见于多。

有后而无先，则群众无门⑦；有诎而无信，则贵贱不分⑧；有齐而无畸，则政令不施⑨；有少而无多，则群众不化⑩。《书》曰："无有作好，遵王之道；无有作恶，遵王之路⑪。"此之谓也。

【注释】

①慎子：慎到，战国中期法家代表人物之一。慎到主张法治，认为人只要跟在法后面就行了。反对运用智慧、任用贤能、有所倡导。后：被动地跟在事物的后面。下文的"先"，指根据事物的变化而有所倡导。

②诎：同"屈"。

③信：通"伸"。老子主张以屈为伸，以柔克刚，所以荀子批评他"见于诎，无见于信"。

④墨子：墨翟（dí），墨家的创始人。

⑤畸：不齐。墨子讲"兼相爱，交相利"，反对儒家的尊卑有序的等级制，所以荀子批评他"见于齐，无见于畸"。

⑥宋子：宋钘（xíng），战国宋国人。宋子认为人天生的欲望是很少的，很容易得到满足。而荀子则认为人生来就是"好利"、"好声色"的，所以他批评宋子"有见于少，无见于多"。

⑦"有后而无生"两句：意思是如果在上者无意化导人民，那么人民想为善就会无门可入。

⑧"有诎而无信"两句：荀子认为按照老子的思想去

做，则人人委曲不争，没有人会进取，那么贵贱就没有区别了。

⑨"有齐而无畸"两句：荀子认为像墨子那样讲平等兼爱，那么人人地位相等，政令也就无由推行了。

⑩"有少而无多"两句：荀子认为人天性贪婪多欲，倾向争夺，这种天性只有靠后天礼义法度的教化才能得到改变。如果按照宋子的理论去做，以为人天性寡欲，那就不需要教化人民了。

⑪"无有作好"四句：此处引文见《尚书·洪范》。作好，有所偏好。作恶，有所偏恶。

【译文】

世界上的各种事物都只是道的一部分，每一样事物也只是万物的一部分，愚昧的人只认识一种事物的一部分，就自以为认识了整个道，这实在是太无知了。慎子只看到跟从法治的作用，而不了解预先倡导的重要；老子只强调柔顺、无为，而不懂得积极有为的重要；墨子主张平等相爱，却不懂得尊卑有序的道理；宋钘以为人天生寡欲，却不知道人天性是贪婪好利的。如果按照慎子的思想去做，那么在上者就会无意化导人们，人们想为善也就会无门可入了；如果按照老子的思想去做，那么人人都会消极顺从，贵贱也就没有区别了；如果按照墨子的思想去做，那就会造成政令无法推行；如果按照宋子的思想去做，百姓就得不到教化。《尚书》上说："不要有所偏好，应当遵循圣王的道路前进；不要有所偏恶，应当遵循圣王的道路前进。"说的就是这个意思。

正　论

　　这篇文章的内容主要是驳斥当时社会上流行的一些观点。

　　文章列举了十种观点，即"主道利周"、"桀、纣有天下，汤、武篡而夺之"、"治古无肉刑，而有象刑"、"汤、武不能禁令"、"尧、舜擅让"、"尧、舜不能教化"、"太古薄葬"与"乱今厚葬"、及宋子"见侮之不辱，使人不斗"、"见侮不辱"、"人之情，欲寡"等观点，然后对之进行了批判。而荀子批评的标准则是他所谓的"王制"思想。

　　文章没有中心的思想，颇近拉杂，但某些篇章可与《解蔽》、《非十二子》、《天论》等互相发明，能帮助我们更好地理解荀子的一些思想，所论也颇有深刻透彻之处。

世俗之为说者曰："主道利周^①。"是不然。主者，民之唱也^②；上者，下之仪也^③。彼将听唱而应，视仪而动。唱默则民无应也，仪隐则下无动也。不应不动，则上下无以相胥也^④。若是，则与无上同也，不祥莫大焉。故上者，下之本也，上宣明则下治辨矣^⑤，上端诚则下愿悫矣，上公正则下易直矣^⑥。治辨则易一，愿悫则易使，易直则易知。易一则强，易使则功，易知则明，是治之所由生也。上周密则下疑玄矣^⑦，上幽险则下渐诈矣^⑧，上偏曲则下比周矣^⑨。疑玄则难一，渐诈则难使，比周则难知。难一则不强，难使则不功，难知则不明，是乱之所由作也。故主道利明不利幽，利宣不利周。故主道明则下安，主道幽则下危。故下安则贵上，下危则贱上。故上易知则下亲上矣，上难知则下畏上矣。下亲上则上安，下畏上则上危。故主道莫恶乎难知，莫危乎使下畏己。传曰："恶之者众则危。"《书》曰："克明明德^⑩。"《诗》曰："明明在下^⑪。"故先王明之，岂特玄之耳哉^⑫！

【注释】

①周：密，指隐匿真情，不让下面的人知道。

②唱：倡，倡导。

③仪：准则。

④胥：等待。原为"有"，据上下文义改。

⑤宣明：无所隐瞒。治辨：治理。这里指明确治理的

方向。

⑥易直：平易正直。

⑦玄：通"眩"，迷惑。

⑧幽险：隐瞒实情，难以猜测。渐诈：欺诈。

⑨偏曲：偏私不公正。比周：互相勾结，结党营私。

⑩明德：优良的品德。此句见于《尚书·康诰》。

⑪明明在下：《诗经·大雅·文王》篇中的诗句，意思是文王之德，明明在下，所以赫然见于天。这里引之是为了说明统治者要让在下的人了解实情。

⑫玄：当作"宣"，公开。

【译文】

世俗人有一种说法："君主治理国家的最好办法是隐瞒真情。"这是不对的。君主，是民众的倡导者；人君，是人民的楷模。底下的人将随着君主的引导而应和，看着君主的榜样而行动。上面沉默，则百姓无法应和；上面没有榜样，则人民无法行动。不应和不行动，那么上下就无法互相依靠了。这样的话，就与没有君主一样，这是最大的灾祸了。所以，上面是下面的根本，上面无所隐瞒，下面就有治理的方向；上面正直诚实，下面就谨慎忠厚；上面公正无私下面就平易正直。得到治理就容易统一，谨慎忠厚就容易役使，平易正直就容易了解和掌握；容易统一国家就能强盛，容易役使就便于收到成效，容易了解和掌握就能做到掌握下情心中有数，这些就是社会达到治理安定的本源了。上面隐瞒实情下面就会疑惑不明，上面神秘莫测下面就会欺诈隐瞒，上面偏私不正下面就会结党营私。疑惑不明则难于统一，欺诈隐瞒就难以役使，结党营私则难以了解掌握；难于统一国家就不会强大，难以役使就不会有成效，难以了解掌握就不会心中有数，这些就是社会混乱的本源了。所以统治之道，以公开透明好，而不宜于隐瞒真情。治理国家公开明白，下面就会安宁无事，隐瞒实情则会导致下面人人自危不安。所以底下安定了就会尊重上面，底下不安就会轻视上面。上面容易了解，底下人就会亲近他；上面难于了解，底下人就会畏惧他。统治之道，最坏的莫过于让底下人觉得难以了解他，最危险的莫过于让底下人畏惧他。古书上说："憎恶他的人多了，君主就会危险。"《尚书》上说："一定要让光明的德行发扬光大。"《诗经》上说："君主的举措，让底下的人知道得清清楚楚。"所以先王特意让自己的行为光明显露，岂止是公开而已！

世俗之为说者曰："桀、纣有天下，汤、武篡而夺之。"是不然。以桀、纣为常有天下之籍则然[1]，亲有天下之籍则不然，天下谓在桀、纣则不然。古者天子千官，诸侯百官。以是千官也[2]，令行于诸夏之国[3]，谓之王；以是百官也，令行于境内，国虽不安，不至于废易遂亡[4]，谓之君。圣王之子也，有天下之后也，势籍之所在也[5]，天下之宗室也；然而不材不中，内则百姓疾之，外则诸侯叛之，近者境内不一，遥者诸侯不听，令不行于境内，甚者诸侯侵削之，攻伐之，若是，则虽未亡，吾谓之无天下矣。圣王没，有势籍者罢不足以县天下[6]，天下无君，诸侯有能德明威积⑦，海内之民莫不愿得以为君师，然而暴国独侈，安能诛之⑧，必不伤害无罪之民，诛暴国之君若诛独夫⑨，若是，则可谓能用天下矣。能用天下之谓王。汤、武非取天下也，修其道，行其义，兴天下之同利，除天下之同害，而天下归之也。桀、纣非去天下也，反禹、汤之德，乱礼义之分，禽兽之行，积其凶，全其恶，而天下去之也。天下归之之谓王，天下去之之谓亡。故桀、纣无天下而汤、武不弑君⑩，由此效之也⑪。汤、武者，民之父母也；桀、纣者，民之怨贼也。今世俗之为说者，以桀、纣为君而以汤、武为弑，然则是诛民之父母而师民之怨贼也，不祥莫大焉。以天下之合为君，则天下未尝合于桀、纣也。然则以汤、武为弑，则天下未尝有说也，直堕之耳⑫！故天子唯其人。天下者，至重也，非至强莫之能任；至大也，非至辨莫之能分；至众也，非至明莫之能和。此三至者，非圣人莫之能尽。故非圣人莫之能王。圣人备道全美者也，是县天下之权称也⑬。桀、纣者，其志虑至险也，其志意至闇也⑭，其行为至乱也；亲者疏之，贤者贱之，生民怨之，禹、汤之后也，而不得一人之与；刳比干⑮，囚箕子，身死国亡，为天下之大僇⑯，后世之言恶者必稽焉⑰；是不容妻子之数也。故至贤畴四海⑱，汤、武是也；至罢不容妻子，桀、纣是也。今世俗之为说者，以桀、纣为天下，而臣汤、武，岂不过甚矣哉！譬之，是犹伛巫、跛匡大自以为有知也⑲。故可以有夺人国，不可以有夺人天下；可以有窃国，不可以有窃天下也。夺之者可以有国，而不可以有天下，窃可以得国，而不可以得天下。是何也？曰：国，小具也，可以小人有也，可以小道得也，可以小力持也；天下者，大具也，不可以小人有也，不可以小道得也，不可以小力持也。国者，小人可以有之，然而未必不亡也，天下者，至大也，非圣人莫之能有也。

【注释】

①常：通"尝"，曾经。籍：位。

②以：任用。

③诸夏之国：指中原地区各诸侯国。

④废易：废黜。易，易位。

⑤势籍：势位。

⑥罢（pí）：同"疲"，无能，不贤。县天下：这里指掌管天下。县，同"悬"，衡。荀子书中通常用权衡、悬衡、悬、衡指礼义。

⑦德明威积：声望大，威信高。

⑧安：同"案"，荀子书中常借作"则"。能：无意义，当删。

⑨独夫：指众叛亲离、孤立无援的人。

⑩弑：杀，指臣杀君。

⑪效：效验，证明。

⑫堕：毁谤。

⑬权称：这里指标准。

⑭阍（àn）：昏暗。这里指卑下。

⑮刳（kū）：剖心。比干：与下文的"箕子"，都是殷纣王的叔父，因为劝谏纣王而被剖心、降为奴隶。

⑯僇（lù）：耻辱。

⑰稽：考察。这里指借鉴。

⑱帱：通"帱"，覆盖。

⑲伛（yǔ）：驼背。匡（wāng）：通"尪"，废疾之人。这里指巫。大：可能是"而"的讹文。

【译文】

世俗人有一种说法："桀、纣拥有天下，被汤、武篡夺了。"这是不对的。认为桀、纣曾经拥有天下的位置，这是对的，但是说桀、纣靠自己的才德亲自拥有了天下就错了。认为天下人心归于桀、纣那就更错了。古代天子有千官，诸侯有百官。用这千官，政令能够行于诸侯之国的，可以叫作天子；用这百官，政令能够行于国内的，即使国家不够安定，但不到被废黜坠亡的地步，就可以叫国君。圣王的子孙，是拥有天下的天子的后代，占据着势位，是天下的宗主；然而既无才能又无德行，内则百姓痛恨，外则诸侯反叛，由近处看，境内不能统一，由远处看，诸侯也不听从，更有甚者诸侯还削夺攻伐他，像这样，那么即使没有灭亡，我也称之为没有天下。圣王逝世了，有继承权的人无能而不足以掌管天下，使天下陷于没有君主的状态，诸侯中有声望大、威信高的，海内之人都愿意让他做君主，诛杀那些强暴国家、奢侈放纵的人，一定不去伤害无辜之人，诛杀暴国之君就好像诛杀独夫民贼一样，像这样，才可以说是善于治理国家。善于治理国家才能称得上是王。汤、武不是夺取了天下，而是因为修道行义，为天下人兴利，为天下人除害，天下人才归顺了他们。桀、纣不是被夺去了天下，而是因为他们违背了禹、汤的道德，扰乱了礼义秩序，行同禽兽，罪恶累积，恶事做尽，天下人才离弃了他们。天下人都归顺的叫作王，天下人都离弃的叫作自取灭亡。所以桀、纣根本就没有拥有天下，汤、武也根本没有弑君，由这个道理可以得到验证。汤、武是人民的父母；桀、纣则是人民怨恨的残贼。今天一般人的看法，认为桀、纣是君主，而汤、武弑杀了君主，这样，等于是要杀人民的父母，而推尊人民的怨贼了，这实在是不吉祥啊！如果认为人心所归才能称为君主，那么天下从来就没有归于桀、纣。这样说来，认为汤、武为弑君之人，则非但根本没有任何道理，而且就是毁谤了！所以，能不能当君主，要看他的德行，而不是看他的势位。天下是最重的东西，不是最强毅的人就不足以担当；天下是最大的东西，不是最明察的人就不足以处理得各得其分；天下是复杂的东西，不是最圣明的人就不足以使之和睦。所以若不是圣人根本就做不了王。圣人具备了所有的美德，是衡量天下的标准。桀、纣这样的人，其思虑至为险恶，其思想情感至为卑下，其行为至为淫乱；亲近的人疏远他们，贤能的人蔑视他们，老百姓则怨恨他们，虽然是禹、汤的后代却得不到一个人的赞助；挖掉比干的心，囚禁箕子，落得身死国亡，为天下耻笑的结局，后世人说到恶君者无不以之为例证；这是连妻子儿女都保不住的必然道理。所以最贤能的人能保全四海，汤、武就是这样的人；最无能的人连妻子儿女都不能保全，桀、纣就是这样的人。现在世俗人的说法，认为桀、纣拥有天下而以汤、武为其臣子，岂不是错得太厉害了！打个比方说，这就好像一个跛足而驼背的巫自以为高明一样。所以可能有夺人国家的事；但不可能有夺人天下的事，可能有窃国之事，不可能有窃天下之事。篡夺可能占有一个诸侯国，但不能拥有天下；偷窃可能占有一个诸侯国，却不可以获得天下。这是因为什么？答：国家，是小器物，可以为小人所占有，可以用小手段得到，可以凭借小的力气保持；天下，是大器，不可以为小人所占有，不可以用小手段得到，不可以凭借小的力气保持。国家，小人可以拥有，但未必不会灭亡；天下是至大之物，除了圣人没有人能拥有。

　　世俗之为说者曰："治古无肉刑①，而有象刑②：墨黥③；慅婴④；共、艾毕⑤；菲、绖屦⑥，杀、赭衣而不纯⑦。治古如是。"是不然。以为治邪？则人固莫触罪，非独不用肉刑，亦不用象刑矣。以为人或触罪矣，而直轻其刑，然则是杀人者不死，伤人者不刑也。罪至重而刑至轻，庸人不知恶矣，乱莫大焉。凡刑人之本，禁暴恶恶，且征其未也⑧。杀人者不死而伤人者不刑，是谓惠暴而宽贼也，非恶恶也。故象刑殆非生于治古，并起于乱今也。治古不然，凡爵列、官职、赏庆、刑罚，皆报也，以类相从者也⑨。一物失称⑩，乱之端也。夫德不称位，能不称官，赏不当功，罚不当罪，不祥莫大焉。昔者武王伐有商，诛纣，断其首，县之赤旆。夫征暴诛悍，治之盛也。杀人者死，伤人者刑，是百王之所同也，未有知其所由来者也。刑称罪则治，不称罪则乱。故治则刑重，乱则刑轻，犯治之罪固重，犯乱之罪固轻也。《书》曰："刑罚世轻世重⑪。"此之谓也。

【注释】

①治古：古代安定的社会。肉刑：古代五种刑罚，有黥（qíng，在脸上刺字，涂墨）、劓（yì，割鼻子）、刖（fèi，剁脚）、宫（割掉生殖器）、大辟（砍头）。

②象刑：象征性的惩罚。

③墨黥：用黑墨画脸代替黥刑。

④慅（cǎo）婴：让犯人戴上用草做的帽带代替劓刑。慅，通"草"。婴，通"缨"，帽子的带子。

⑤共、艾（yì）毕：割去犯人衣服膝盖部分代替宫刑。共，通"宫"，宫刑。艾，通"刈"，割。毕，同"韠（bì）"，古代衣服上的蔽膝。

⑥菲、绋（fēng）屦：让犯人穿麻鞋代替刖刑。菲，通"刖"。绋屦，麻鞋。

⑦杀、赭（zhě）衣而不纯（zhǔn）：让犯人穿去掉衣领的赭衣来代替大辟。赭衣，赤褐色的衣服。纯，

衣服的镶边。

⑧征：通"惩"，惩戒，通过刑罚来警戒。

⑨以类相从：善有善报，恶有恶报。

⑩失称：失其平也。称，权衡。

⑪刑罚世轻世重：引文见《尚书·甫刑》。世轻世重，意思是世有治有乱，故刑有轻有重。

【译文】

世俗之人有一种说法："古代安定的时代没有肉刑，只有象刑：用涂墨于面代替黥刑；让犯人戴上用草做的帽带代替劓刑；割去衣服膝盖部分代替宫刑；让犯人穿麻鞋代替刖刑；让犯人穿去掉衣领的赭衣来代替杀头的刑罚。古代安定的时代的刑罚就是这样的。"这是不对的。认为社会已经很安定了吗？那么人本来就不会去犯罪，不但不需要肉刑，连象刑都不需要。以为人一旦犯罪，就直接减轻其刑罚，那么这就成了杀人者不偿命，伤人者不受刑。罪行很重处罚却很轻，一般人就不会知道所犯的罪恶，没有比这更混乱的了。大凡刑罚人的根本目的，即在于禁止暴行、反对作恶，并警戒将来。杀人者不偿命，伤人者不受刑，这就叫做施惠暴恶、宽大犯罪，就不是反对作恶了。所以象刑大概并不是产生于古代安定的社会，而是产生于近今之乱世。古代安定的社会不是这样的，凡爵位、官职、奖励、刑罚都是与人所作所为相称的，善有善报，恶有恶报。一件事情失去了公平，祸乱就开始了。如果德行与其位置不相称，能力与官职不相称，赏赐与功劳不相称，处罚与罪行不相称，那就成了最大的不吉祥。过去武王伐商诛纣，就割掉他的脑袋，并悬于红色的旗子上示众。惩罚暴行诛杀凶悍之徒，是国家治理的大事。杀人者偿命，伤人者受刑，这在历代帝王都是一样的，没有人知道它的由来。刑罚与罪行相称国家就会安定，不相称国家就会混乱。所以社会安定是由于刑罚重，社会混乱是由于刑罚轻。在安定的时代犯罪，刑罚必定是重的，在混乱的时代犯罪，刑罚必定是轻的。《尚书》上说："世有治有乱，所以刑有轻有重。"说的就是这个意思。

世俗之为说者曰："汤、武不能禁令①。是何也？曰：楚、越不受制②。"是不然。汤、武者，至天下之善禁令者也。汤居亳、武王居鄗③，皆百里之地也，天下为一，诸侯为臣，通达之属莫不振动从服以化顺之④，曷为楚、越独不受制也？彼王者之制也，视形势而制械用，称远迩而等贡献，岂必齐哉！故鲁人以榶⑤，卫人用柯⑥，齐人用一革⑦，土地刑制不同者，械用备饰不可不异也。故诸夏之国同服同仪⑧，蛮、夷、戎、狄之国同服不同制⑨。封内甸服⑩，封外侯服⑪，侯、卫宾服⑫，蛮夷要服⑬，戎狄荒服⑭。甸服者祭，侯服者祀，宾服者享，要服者贡，荒服者终王⑮。日祭、月祀、时享、岁贡、终王，夫是之谓视形势而制械用，称远近而等贡献，是王者之制也。彼楚、越者，且时享、岁贡、终王之属也，必齐之日祭、月祀之属然后曰受制邪？是规磨之说也⑯，沟中之瘠也⑰，则未足与及王者之制也。语曰："浅不足与测深，愚不足与谋智，坎井之蛙不可与语东海之乐⑱。"此之谓也。

【注释】

①不能禁令：意思是禁令有不能到达之处。

②制：礼制。

③亳（bó）：商汤王的都城，在今河南商丘东南。鄗（hào）：周武王的都城，在今陕西西安西南。

④通达之属：指交通可到的地方。

⑤糖（táng）：碗。

⑥柯：盂，古代盛食物的器具。

⑦一革：未详何物，大概是一种皮制的酒具。

⑧诸夏之国：指当时中原地区各国。服：服事天子。仪：制度。

⑨蛮、夷、戎、狄：指各地方的少数民族。

⑩封内：王畿之内，即天子所居都城五百里之内的地方。甸服：耕种王田，以供日祭之品。甸，王田。

⑪封外：封内之外的五百里以内的地方。侯：同"候"，指侦察敌情，担任警卫。

⑫侯、卫：指侯圻（qí）和卫圻。从侯圻到卫圻，共分五圻，分别为侯、甸、男、采、卫。每圻为五百里。宾服：意思是按时进贡，以服事天子。

⑬要服：用礼义教化约束，使之顺服天子。要，约束。

⑭荒服：不定时向天子进贡。荒，无常。

⑮"甸服者祭"五句：祭，月祀。享，四时之享。贡，

岁供。终王，崇王，指承认天子的统治。终，通"崇"。

⑯规磨：这里指揣测的说法。

⑰沟中之瘠：因贫穷死在沟中的人。这里指智识浅陋的人。

⑱坎井：坏井。

【译文】

世俗之人有一种说法："汤、武的禁令有不能到达之处，为什么这么说？因为楚国、越国就不受其礼制的管束。"这种说法是不对的。汤、武是天下最善于施行禁令的人了。商汤住的亳城、周武王住的鄗京，都不过是百里之地，而天下却能统一，诸侯都能臣服，所有交通所达之地的人，都畏惧他们的威力，服从他们的统治，受到教化而归顺他们，怎么能说楚国、越国单单不受其礼制的管束呢？那时候，王者的制度，是根据不同的地区制定不同的器用，根据距离的远近制定进贡的物品，何必一定要一致呢？所以鲁国人用碗，卫国人用盂，齐国人用一革，各地环境和风俗不同，器用和各种装饰物也就一定不同。所以中原地区各国服侍同一个天子而制度相同，边远少数民族的属国也服侍同一个天子，制度却不相同。王畿之内叫甸服，负责耕种王田。王畿之外叫侯服，侯服负责侦察敌情。卫服负责按时进贡，蛮夷地区用礼义教化约束，使之顺服天子。不定时向天子进贡。甸服进贡日祭的物品，侯服进贡月祭的物品，宾服进贡四时之享的物品，要服岁贡，荒服则承认天子的统治。日祭、月祀、时享、岁贡、终王，这就叫根据不同的地区制定不同的器用，根据距离的远近制定进贡的物品，这才是王者的制度。楚、越之国，只是属于时享、岁贡，终王之类的国家，难道一定要他们同日祭、月祀之国一样才叫受其礼制的管束吗？这是揣测的论调，是浅陋的见解，不足以谈论王者的制度。俗话说："浅的东西不足以测量深的东西，愚昧的人不足以与智慧的人相谋，坏井里的青蛙无法和它谈论遨游东海的乐趣。"说的就是这个意思。

　　世俗之为说者曰："尧、舜擅让①。"是不然。天子者，势位至尊，无敌于天下，夫有谁与让矣？道德纯备，智惠甚明，南面而听天下②，生民之属莫不振动从服以化顺之，天下无隐士③，无遗善，同焉者是也④，异焉者非也。夫有恶擅天下矣？曰："死而擅之。"是又不然。圣王在上，决德而定次，量能而授官，皆使民载其事而各得其宜，不能以义制利，不能以伪饰性⑤，则兼以为民。圣王已没，天下无圣，则固莫足以擅天下矣。天下有圣而在后子者，则天下不离，朝不易位，国不更制，天下厌然⑥，与乡无以异也⑦，以尧继尧，夫又何变之有矣？圣不在后子而在三公⑧，则天下如归，犹复而振之矣，天下厌然，与乡无以异也，以尧继尧，夫又何变之有矣？唯其徙朝改制为难。故天子生则天下一隆⑨，致顺而治，论德而定次；死则能任天下者必有之矣。夫礼义之分尽矣，擅让恶用矣哉？

曰:"老衰而擅。"是又不然。血气筋力则有衰,若夫智虑取舍则无衰。曰:"老者不堪其劳而休也。"是又畏事者之议也。天子者,势至重而形至佚,心至愉而志无所诎,而形不为劳,尊无上矣。衣被则服五采,杂间色⑩,重文绣⑪,加饰之以珠玉;食饮则重大牢而备珍怪⑫,期臭味⑬,曼而馈⑭,代睪而食⑮,雍而彻乎五祀⑯,执荐者百人侍西房⑰;居则设张容⑱,负依而坐⑲,诸侯趋走乎堂下;出户而巫觋有事⑳,出门而宗祝有事㉑,乘大路、趋越席以养安㉒,侧载睪芷以养鼻㉓,前有错衡以养目㉔,和鸾之声㉕,步中武、象㉖,骤中韶、濩以养耳㉗,三公奉轭持纳㉘,诸侯持轮挟舆先马,大侯编后,大夫次之,小侯、元士次之,庶士介而夹道㉚,庶人隐窜,莫敢视望:居如大神,动如天帝,持老养衰,犹有善于是者与不㉛?老者,休也,休,犹有安乐恬愉如是者乎?故曰:诸侯有老,天子无老,有擅国,无擅天下,古今一也。夫曰"尧、舜擅让",是虚言也,是浅者之传,陋者之说也,不知逆顺之理,小大、至不至之变者也㉜,未可与及天下之大理者也。

【注释】

①擅让:通"禅让",把帝位让给别人。

②南面:指帝位。古代天子面朝南,臣的位置向北。

听天下:决断天下大事。

③无隐士：与下文的"无遗善"均指没有被埋没的人才。

④焉：代词，指尧、舜。

⑤伪：后天，人为。详细解释见《性恶》篇。

⑥厌然：驯顺的样子。

⑦乡：通"向"，过去。

⑧三公：太师、太傅、太保。这里泛指大臣。

⑨一隆：统于一尊。

⑩间色：两种颜色混合叫间色。

⑪文绣：华丽的绣花。

⑫大牢：太牢，即牛、羊、猪三牲具备。珍怪：珍贵少见的食物。

⑬期：同"綦"，极，尽。臭（xiù）：香味。

⑭曼而馈：跳着舞，列队送上食物。曼，舞名。馈，进食。

⑮代睪：应为"伐皋"，敲鼓。皋，通"鼛（gāo）"，大鼓。

⑯雍：乐章名。彻：撤去，撤除。五祀：古代五种祭祀。这里指祭灶。

⑰执荐者：服事天子吃饭的人。荐，荐陈之物。

⑱张：通"帐"。容：屏风之类的东西。

⑲依：通"扆（yǐ）"，户牖之间的屏风。

⑳巫觋（xí）：古代从事求神卜卦的人。男为觋，女为巫。

㉑宗：大宗伯，古代主管祭祀的官。祝：大祝，古代祈福求祥的官。

㉒大路：即"大辂"，古代天子坐的车。越席：用蒲草

编的席子。

㉓侧：大路的两旁。载：放置。睪（zé）芷：香草。睪，通"泽"。

㉔错：涂金，镀金。衡：车前的横木。

㉕和鸾：车上的铃。

㉖武：武王乐。象：武王舞。

㉗驺（zōu）：通"趋"，指快走。韶：舜乐。濩：汤乐。

㉘轭（è）：同"軶"，牲口驾车时加在脖子上的曲木。纳：同"軜"，套马的环。

㉙持轮：扶车轮。挟舆：在车左右。先马：牵着马在前面导路。

㉚介：披着甲。

㉛不：同"否"。

㉜至：指上文天子的"至重、至佚、至愉"。

【译文】

世俗之人有一种说法："尧、舜曾经禅让。"这种说法是不对的。天子，是势位最为尊贵的人，天下没有与之匹敌的，又能把帝位让给谁呢？他的道德纯粹完全，智慧十分高明，南面而统治天下，百姓无不畏惧服从而受到他的教化，天下没有被埋没的人才，合乎他的就是对的，不合乎他的就是错的。又有什么理由禅让天下呢？又说："死了就可以禅让。"这又错了。圣王的统治，是根据德行的好坏来规定等级次序，按照才能的大小来授予官职，使老百姓担任的事都适合自己的特长，不能用礼义克制利欲，不能通过后天的努力来改造恶的本性，那就只能做普通的百姓。圣王既然已死，天下已经没有圣人，那根本就没有人能够接受禅让的了！如果天下有能继起的圣王，而且就是圣王的后代，那么天下人都不会背离他，朝廷也不会易位，国家也不会改制，天下人都驯顺服从新王的统治而与从前没有两样，这是用尧一样的人来继承尧，又会有什么需要变化的呢？如果继承的不是圣王的儿子而是三公，那么天下人也会归顺他，就好像重新振兴一样，天下人都驯顺服从新王的统治而与从前没有两样，这是用尧一样的人来继承尧，又会有什么需要变化的呢？只有改朝换代，更改制度才是难的。所以，天子活着，天下统于一尊，人们极其顺从，国家安定，根据道德而定次序；天子死了，那能够担当天下的人，一定会出现。只要礼义的大分做到了，又何必用禅让来博取美誉？又有一说："天子老迈了就禅让。"这又错了。人的血气身体会衰老，但智虑判断力是不会衰老的。又有人说："老人承受不了那种辛苦而应该休息。"这是怕苦怕累的人说的话。做天子的，势位最重但形体安逸，心情愉快而不压抑，形神不劳而尊贵无比。穿着绣着华丽文采的五色衣服，上面装饰着珠玉；吃的是各种美味佳肴，闻尽各种香味，吃饭的时候有人跳着舞送上食物，还有鼓乐相伴，在雍乐声中撤下灶祭，西厢有百人服侍吃饭。听朝接见诸侯的时候，要布置帐幕，安放屏风，背对着屏风而坐，诸侯在殿堂下快步向前朝见；出门有巫觋为之扫除不祥，出国门有宗祝为之祈福；乘着大辂之车，坐着蒲席以养护身体，车的左右两旁载满香草以养鼻，前面的横木上涂着金饰让眼睛舒适，车缓行的时候，伴着和鸾

之声，合着武、象之乐的节奏，快行的时候，则合着韶、
濩音乐的节拍，听上去十分悦耳，王公大臣扶着驾车的曲
木和马缰绳，诸侯有的扶着车轮，有的站在车的两旁，有
的牵着马在前面引路，大国的公侯跟在后面，大夫跟随在
公侯后面，小侯、上士又随其后，士兵们披着甲在两旁警
卫，一般百姓都躲藏逃避而没有敢抬头看的：安居的时候
如大神，行动的时候如天帝，养护身体避免衰老，还有比
这更好的吗？所谓老就要休息，休息有这么安乐愉快吗？
所以说，诸侯有老的时候，天子却没有，有让国之事，没
有让天下之事，古今都是如此。那些说尧、舜禅让的，都
是假话，是浅薄之人的传言，是愚陋的说法。他们不知对
错的道理，不知"大"和"小"、"至"和"不至"的差别，
这种人是不可以和他谈天下的大理的。

　　世俗之为说者曰："尧、舜不能教化，是何也？
曰：朱、象不化^①。"是不然也。尧、舜，至天下
之善教化者也，南面而听天下，生民之属莫不振动
从服以化顺之；然而朱、象独不化，是非尧、舜之
过，朱、象之罪也。尧、舜者，天下之英也；朱、
象者，天下之嵬^②，一时之琐也。今世俗之为说者
不怪朱、象而非尧、舜，岂不过甚矣哉！夫是之谓
嵬说。羿、蠭门者^③，天下之善射者也，不能以拨
弓、曲矢中微^④；王梁、造父者^⑤，天下之善驭者
也，不能以辟马毁舆致远^⑥；尧、舜者，天下之善
教化者也，不能使嵬琐化。何世而无嵬，何时而无

琐，自太皞、燧人莫不有也⑦。故作者不祥⑧，学者受其殃，非者有庆。《诗》曰："下民之孽，匪降自天。噂沓背憎，职竞由人⑨。"此之谓也。

【注释】

①朱：朱丹，尧的儿子，传说他为人不守忠信而又好争辩。象：舜的异母弟弟，传说他曾设计杀害舜。

②嵬（wéi）：怪。

③羿：后羿，传说中善射箭者。蠭门：即"逢蒙"，相传是夏代善射的人，曾跟羿学射。

④拨弓：不正的弓。曲矢：弯曲的箭。中微：射中微小的目标。与下文"致远"相对为文。微，小。

⑤王梁：即"王良"，传说中善于驾车的人。造父：传说中周穆王的车夫，善于驾车。

⑥辟：通"躄"，跛足。毁舆：坏车。

⑦太皞（hào）：伏羲，传说中东方部落的首领。燧（suì）人：传说中火的发明者。

⑧作者：编造这种传说的人。

⑨"下民之孽"四句：此处引诗见《诗经·小雅·十月之交》。噂沓（zǔntà），当面谈笑。背憎，背后憎恨。职竞由人，全都在于人。

【译文】

世俗之人有一种说法："尧、舜的教化有不能到达之处。为什么这么说？因为朱、象就是没有得到教化的人。"这种说法是不对的。尧、舜是天下最善于教化的人了，南面而统治天下，百姓无不畏惧服从而受到他的教化；然而朱、象独独没有得到教化，这不是尧、舜的过错，而是朱、象的罪过。尧、舜是天下的英豪；朱、象则是当时偶有的怪民、小人。今天世俗的说法，不怪罪朱、象而责备尧、舜，不是错得太厉害了吗？这就是奇谈怪论。后羿、逢蒙是天下最善于射箭的人了，他们也不能用不正的弓、弯曲的箭射中微小的目标；王良、造父是天下最善于驾车的人，他们也不能驾着跛足的马、赶着坏的车到达远方；尧、舜是天下最善于教化的人，也无法让怪人、小人得到感化。哪个时代没有怪人，哪个时代没有小人，从伏羲、燧人之时起就有了。所以编造这种传说的人是坏人，听信这种传说的人会受害，不接受这种传说的人则是值得庆幸的。《诗经》上说："老百姓有罪孽，不是老天降下的。当面说说笑笑，背后憎恨攻击，这完全在于人为啊！"说的就是这个意思。

世俗之为说者曰："太古薄葬，棺厚三寸，衣衾三领①，葬田不妨田，故不掘也。乱今厚葬饰棺，故抇也②。"是不及知治道，而不察于抇不抇者之所言也。凡人之盗也，必以有为，不以备不足，则以重有余也。而圣王之生民也，皆使当厚优犹知足③，而不得以有余过度。故盗不窃，贼不刺④，狗豕吐菽粟⑤，而农贾皆能以货财让，风俗之美，男女自不取于涂⑥，而百姓羞拾遗⑦。故孔子曰："天下有道，盗其先变乎！"虽珠玉满体，文绣充棺，黄金充椁，加之以丹矸⑧，重之以曾青⑨，犀象以为树⑩，琅玕、龙兹、华觐以为实⑪，人犹且莫之扣也。是何故也？则求利之诡缓，而犯分之羞大也。

【注释】

①三领：三称。单衣复衣合起来为一套。

②扣（hú）：挖。这里指盗墓。

③当厚：疑当作"富厚"。优犹：优裕。

④刺：探取。

⑤菽粟：泛指粮食。

⑥取：通"聚"，聚集。涂：同"途"，道路。

⑦拾遗：捡拾丢掉的东西。

⑧丹矸（gān）：朱砂。

⑨曾青：铜精，一种绘画用的颜料。

⑩犀象：指犀牛角、象牙。

⑪琅玕、龙兹、华觐（jìn）：都是珠玉的名字。

【译文】

世俗之人有一种说法："远古的时候实行薄葬，棺材厚才三寸，死人的衣服只有三套，葬在田里不妨碍种田，所以没有人去盗墓。当今乱世举行厚葬，用珠宝装饰棺材，所以会被盗掘。"这是不懂得治理之道，又不去考察盗墓与不盗墓的原因的人说的话。大凡人去盗墓，一定会有原因，不是为了补充自己的不足，就是为了更多地获得财物。而圣王对于老百姓，都应该使其达到富裕宽厚而知足，但也不要超过限度。这样就会强盗不抢，小偷不窃，连猪狗都不吃粮食了，而农民和商人都能以财货相让，风俗如此之美，男女自然不会聚集于道路，百姓也都以拾取他人财物为耻了。所以孔子说："天下有道，从盗贼的变化最先看得出啊！"这样死者虽然珠玉满身，棺材里装满了色彩美丽的丝织品，棺椁上涂满了黄金，上面用朱砂、铜金涂饰，用犀角象牙做树，用琅玕、龙兹、华觐做果实，人也不会去挖墓的。这是因为什么呢？因为人求利的诡诈之心不那么急切了，而以违背礼义为耻。

夫乱今然后反是：上以无法使，下以无度行，知者不得虑，能者不得治，贤者不得使。若是，则上失天性，下失地利，中失人和，故百事废，财物诎而祸乱起。王公则病不足于上，庶人则冻馁羸瘠于下^①，于是焉桀、纣群居，而盗贼击夺以危上矣。安禽兽行^②，虎狼贪，故脯巨人而炙婴儿矣^③。若是，则有何尤抇人之墓、抉人之口而求利矣哉^④！虽此倮而薶之^⑤，犹且必抇也，安得葬薶哉！彼乃将食其肉而龁其骨也^⑥。夫曰："太古薄葬，故不抇也；乱今厚葬，故抇也"，是特奸人之误于乱说^⑦，以欺愚者而淖陷之以偷取利焉^⑧，夫是之谓大奸。传曰："危人而自安，害人而自利。"此之谓也。

【注释】

①馁（něi）：饥饿。羸（léi）瘠：贫困。

②安：同"案"，荀书中常借为"乃"。

③脯（fǔ）：肉干。

④有：通"又"。尤：怨恨。抉（jué）：剜出。

⑤倮（luǒ）：裸。薶：同"埋"。

⑥齕（hé）：咬，啃。

⑦特：只是。奸人：邪恶诡诈的人。

⑧淖陷：陷害。淖，溺。

【译文】

今天这混乱的世道却相反：君主不按法度统治，臣民不按法令行事，有智慧的人不让他参与政事，有能力的人不让他去治理国家，有德行的人得不到重用。像这样，就会上失天时，下失地利，中失人和，导致百事废弛，财物穷尽，而祸乱出现。就会出现王公贵族担心财物不够用、老百姓饥寒交迫的情况，于是桀、纣那样的人就会大量出现，而盗贼也到处抢劫财物，危及统治者。于是人行如禽兽，贪如虎狼，吃人肉而食婴儿。这样的话，又何必责备那些掘人坟墓，从死人的口中去挖珠玉的人！像这样即使赤身裸体而埋，也一定会有人去掘的，哪里还能够安葬！那些人会把死者的肉和骨头都吃掉的。今天有人说："远古的时候实行薄葬，所以没人盗墓；混乱的今天举行厚葬，所以会被人盗墓。"这只是那些奸邪的人故意制造乱说，以欺骗愚昧的人，使他们陷于迷惑，以便从死人身上得利罢了。这种人是最坏的。古书上说："危害别人而保全自己，损害别人而让自己得利。"说的就是这种人。

子宋子曰①："明见侮之不辱，使人不斗。人皆以见侮为辱，故斗也；知见侮之为不辱，则不斗矣。"应之曰：然则亦以人之情为不恶侮乎②？曰："恶而不辱也。"曰：若是，则必不得所求焉③。凡人之斗也，必以其恶之为说，非以其辱之为故也。今俳优、侏儒、狎徒詈侮而不斗者④，是岂钜知见侮之为不辱哉⑤？然而不斗者，不恶故也。今人或入其央渎⑥，窃其猪彘，则援剑戟而逐之，不避死伤，是岂以丧猪为辱也哉？然而不惮斗者，恶之故也。虽以见侮为辱也，不恶则不斗；虽知见侮为不辱，恶之则必斗。然则斗与不斗邪，亡于辱之与不辱也⑦，乃在于恶之与不恶也。夫今子宋子不能解人之恶侮，而务说人以勿辱也，岂不过甚矣哉！金舌弊口⑧，犹将无益也。不知其无益则不知；知其无益也，直以欺人则不仁⑨。不仁不知，辱莫大焉。将以为有益于人，则与无益于人也，则得大辱而退耳。说莫病是矣。

【注释】

①子宋子：即宋钘。

②恶：憎恶。

③所求：指宋荣子追求的目标，即救民于斗。

④俳（pái）优：古代宫廷里的歌舞艺人。侏儒：身材矮小不正常的人，通常是宫廷里豢养的玩物。狎徒：用一些低级趣味的东西逗人笑的人。詈（lì）侮：互相责骂，侮辱。詈，责骂。

⑤岂钜知：哪里知道。钜：通"讵"。

⑥央渎（dòu）：大洞。央，大。渎，通"窦"，洞穴，窟窿。

⑦亡（wú）：无。

⑧金舌：形容嘴巴会说。弊口：说破了嘴。

⑨直：只是。

【译文】

宋子说："明白受到欺侮并不是受辱的道理，人们就不会发生争斗了。每个人都知道受到欺侮是耻辱，所以相互间争斗不休；知道受到欺侮并不是耻辱的道理，就不会有争斗了。"请问：照这样说来，是认为不憎恶被欺侮是人之常情呢？答道："憎恶但并不以之为耻辱。"答道：如果是这样，宋子的目的肯定是达不到了。大凡人之间发生争斗，一定是出于憎恶，而不是因为受到侮辱。你看俳优、侏儒、小丑这类人，互相之间辱骂侮辱但却不发生争斗，这难道是因为明白受到欺侮并不是耻辱的道理？他们不发生争斗，只是因为互相并不憎恶。今天如果有人从水洞中进入别人的家，偷了别人的猪，被偷者就一定会拔出剑戟来追打他，不担心会死伤人，这难道是因为丢了猪感到耻辱吗？之所以不怕争斗，是因为憎恶偷窃者。所以，即使以被欺侮作为耻辱，互相不憎恶就不会发生争斗；即使不以被欺侮为耻辱，互相憎恶也一定会发生争斗。如此看来，斗或者不斗，不在于是否感到耻辱，而在于是不是感到憎恶。今天宋子不能消除人们之间憎恶被欺侮的心理，而一定要劝说人不要以之为辱，岂不是错得太厉害了！就算怎样能言善辩、说破了嘴都没有用。不知道没有用，就是不够智慧；知道没有用，而只是拿它来骗人，就是不仁了！不仁不智，没有比这更大的耻辱了。自以为其学说是有益于人的，其实是无益于人的，最后只落得最大的羞辱而退。没有比宋子的学说毛病更大的了。

子宋子曰："见侮不辱。"应之曰：凡议，必将立隆正然后可也①，无隆正，则是非不分而辨讼不决。故所闻曰："天下之大隆，是非之封界，分职名象之所起②，王制是也。"故凡言议期命③，是非以圣王为师，而圣王之分，荣辱是也。是有两端矣：有义荣者，有势荣者④；有义辱者，有势辱者。志意修，德行厚，知虑明，是荣之由中出者也，夫是之谓义荣。爵列尊，贡禄厚，形势胜，上为天子诸侯，下为卿相士大夫，是荣之从外至者也，夫是之谓势荣。流淫、污僈、犯分、乱理、骄暴、贪利⑤，是辱之由中出者也，夫是之谓义辱。詈侮捽搏⑥，捶笞、膑脚⑦，斩、断、枯、磔⑧，藉、靡、舌𢦑⑨，是辱之由外至者也，夫是之谓势辱。是荣辱之两端也。故君子可以有势辱，而不可以有义辱；小人可以有势荣，而不可以有义荣。有势辱无害为尧，有势荣无害为桀。义荣势荣，唯君子然后兼有之；义辱势辱，唯小人然后兼有之。是荣辱之分也。圣王以为法，士大夫以为道，官人以为守，百姓以成俗，万世不能易也。

【注释】
①隆正：指判断是非的最高标准。

②分职：指等级官员。名象：名物制度。

③期：约定。命：指规定事物的名称。

④势：势位。这里指外边加上去的东西。

⑤流淫：荒淫无度。污：秽行。僈：通"漫"，污。

⑥捽（zuó）：揪着头发。搏：用手打。

⑦捶笞（chī）：鞭打。膑（bìn）脚：古代去掉膝盖的刑罚。

⑧斩：砍头。断：断尸。枯：暴尸。磔（zhé）：车裂。

⑨縻：同"縻"，绳子。舌绛：当为"后缚"，反缚。

【译文】

宋子说："受到欺侮不要觉得受辱。"回应道：大凡一种议论，一定要建立一个最高标准才能进行。没有标准就会导致是非不清而争论不定。所以听说："天下最高的标准，判断是非的界限，确定各种官制、名物制度的根据，就是王制。"凡是要发表议论或规定事物的名称，都要以圣王为标准。而圣王的纲要，则是荣辱。荣辱各有两个方面，有内在的荣，有外在的荣；有内在的辱，有外在的辱。志意美好，德行美厚，思虑精明，这是发自内在的荣，就是义荣。爵位尊贵，贡禄丰厚，势位高，上为天子诸侯，下为卿相士大夫，这是来自外部的荣，这就是势荣。荒淫无度，行为放荡污杂，违反名分，悖乱礼义，骄横跋扈，暴躁贪婪，这是发自内在的辱，这就叫义辱。被人辱骂，揪住殴打，鞭打挖膝，砍头断尸，暴尸车裂，用绳子反绑，这是来自外部的侮辱，这就叫势辱。这就是荣辱的两个方面。

君子可以有势辱而不可以有义辱，小人可以有势荣而不可能有义荣。有势辱并不妨碍成为尧，有势荣并不妨碍会成为桀。义荣、势荣，只有君子才能兼有；义辱、势辱，只有小人才能兼有。这就是荣辱的分别了。圣王以之为法则，士大夫以之为正道，官吏以之为操守，百姓以之为习俗，这是万世都不能改变的。

今子宋子案不然①，独诎容为己，虑一朝而改之，说必不行矣。譬之，是犹以砖涂塞江海也②，以焦侥而戴太山也③，蹎跌碎折不待顷矣④。二三子之善于子宋子者，殆不若止之，将恐得伤其体也。

【注释】

①案：相当于"则"。

②涂：泥。

③焦侥：传说中的矮人。戴：顶。太山：同"泰山"。

④蹎（diān）跌：跌倒。

【译文】

现在宋荣子则不是这样，不但自己甘心受辱，还希望很快改变人们的观点，这种学说必然是行不通的。打个比方，这就好像用砖和泥来堵塞江海，让焦侥背负泰山，立刻就会跌倒、被压碎。那些赞成宋子观点的人，如果不赶快纠正这种看法，那就恐怕要自食其果，伤害自己了。

子宋子曰："人之情，欲寡，而皆以己之情为欲多，是过也。"故率其群徒，辨其谈说，明其譬称^①，将使人知情之欲寡也。应之曰：然则亦以人之情为目不欲綦色^②，耳不欲綦声，口不欲綦味，鼻不欲綦臭，形不欲綦佚。此五綦者，亦以人之情为不欲乎？曰："人之情欲是已。"曰：若是，则说必不行矣。以人之情为欲此五綦者而不欲多，譬之是犹以人之情为欲富贵而不欲货也，好美而恶西施也。

【注释】

①譬：比喻。称：说的意思。

②綦：极，很。

【译文】

宋子说："人之本性是寡欲的，而都以为自己的本性是多欲的，这是错误的。"所以率领他的弟子，为他的学说辩护，阐明他的比喻和思想，想使人接受本性寡欲的理论。问道：这样说来也就是认为人天生不想看到各种美丽的颜色，不想听到各种悦耳的声音，不想吃到各种美味佳肴，不想享受各种身体的安逸。这五个方面极尽的享受，难道人的本性都不想要吗？回答说："这正是人的本性所想要的。"答道：如果是这样，那么宋子的学说一定行不通了。认为人的本性想要这五种极大的享受但不想多要，这就犹如说人的本性希望富贵却不要财物，喜欢美色却讨厌西施一样。

古之人为之不然。以人之情为欲多而不欲寡，故赏以富厚而罚以杀损也①，是百王之所同也。故上贤禄天下②，次贤禄一国，下贤禄田邑，愿悫之民完衣食。今子宋子以是之情为欲寡而不欲多也，然则先王以人之所不欲者赏而以人之所欲者罚邪？乱莫大焉。今子宋子严然而好说③，聚人徒，立师学，成文典，然而说不免于以至治为至乱也，岂不过甚矣哉！

【注释】

① 杀（shài）：减少。

② 禄天下：这里指三公。下文"禄一国"指诸侯，"禄田邑"指士大夫。

③ 严然：同"俨然"，庄重。

【译文】

上古的人不是这样做的。认为人的本性是多欲而不是寡欲，所以有功就赏赐以财富，有过就减少赏赐，这在历代帝王都是一样的。所以最贤能的人受封为三公，次一等的人被封为诸侯，再次一等的人被封为士大夫，老实本分的人则使其保持基本的衣食生活。现在宋子以人之本性为寡欲而不多欲，这样说，那么先王是用人不想要的东西赏赐人，而用人想要的东西惩罚人吗？没有比这更混乱的了。今天宋子庄重立说，沾沾自喜，聚集弟子，自居师位，著书写文，然而这样的学说最终不免陷于把极好的说成是极坏的，这不是错得太厉害了吗？

礼　论

　　这是荀子著作中最重要的一篇，系统论述"礼"的起源、内容和作用。大戴《礼记》和小戴《礼记》都曾节选其文。

　　荀子的礼学以"性恶论"为基础，他认为"人生而有欲"，欲而不得，就会产生争夺和混乱。制定礼义的目的即在调节人的欲望，从而避免纷争，保持社会安定。礼的内容，荀子认为有"养"和"别"两个方面。"养"即"养人之欲，给人之求"，即满足人的物质欲望和需求，"别"即"贵贱有等，长幼有差，贫富轻重皆有称者"。荀子认为这两者是相互依存的。

　　文章对礼的内容进行了详细的分析，并重点论述了丧祭之礼，然后提出了"隆礼"的观点，指出礼是治国的根本，是"人道之极"，"天下从之者治，不从者乱；从之者安，不从者危；从之者存，不从者亡"，对礼在维护社会安定方面的作用予以高度评价。

礼起于何也？曰：人生而有欲，欲而不得，则不能无求；求而无度量分界①，则不能不争；争则乱，乱则穷。先王恶其乱也，故制礼义以分之，以养人之欲，给人之求，使欲必不穷于物，物必不屈于欲②，两者相持而长，是礼之所起也。

【注释】

①度量：所以定多少之数。分界：所以定彼此之分。

②屈：竭尽。

【译文】

礼的兴起因为什么？答：人生来就有欲望，有欲望而得不到，就不可能不去寻求；寻求而没有限度和界限，就不能不争夺；争夺就产生混乱，混乱则导致无法收拾的局面。过去的圣王憎恨这种混乱的局面，所以制定礼义以区分等级界限，以调节人们的欲望，满足人们的需求，让人们的欲望一定不会因为物质的不足而得不到满足，物质也一定不会因为欲望之无穷而耗尽，欲望与物质相互制约而长久地保持协调，这就是礼的源起。

故礼者，养也。刍豢稻粱①，五味调香②，所以养口也；椒兰芬苾③，所以养鼻也；雕琢、刻镂、黼黻、文章④，所以养目也；钟鼓、管磬、琴瑟、竽笙，所以养耳也；疏房、檖䫂、越席、床笫、几筵⑤，所以养体也。故礼者，养也。

【注释】

①刍豢（chúhuàn）：指牛羊猪犬之类的肉类。

②香：当作"盉"，通"和"。

③苾（bì）：芳香。

④黼黻（fǔfú）：绣有各种华丽花纹的服装。文章：错杂的色彩花纹。

⑤疏：通，指敞亮。檖（suì）：深远。貊：同"庙"。越席：蒲席。箦（zǐ）：竹编的床席。几筵：古代人席地而坐，依靠的叫"几"，垫席叫"筵"。

【译文】

所以，礼就是满足人的欲望的。鱼肉五谷，美味佳肴，是用来满足人的嘴巴需求的；各种香味，是用来满足人的鼻子需求的；雕刻精美的器皿和花纹色彩美丽的衣服，是用来满足人的眼睛需求的；钟鼓、管磬、琴瑟、竽笙等各种乐器，是用来满足人的耳朵需求的；高屋大房，竹席几筵，是用来满足人的身体需求的。所以礼也是用来满足人的欲望的。

君子既得其养，又好其别。曷谓别？曰：贵贱有等，长幼有差，贫富轻重皆有称者也①。故天子大路越席②，所以养体也；侧载睪芷③，所以养鼻也；前有错衡④，所以养目也；和鸾之声⑤，步中武、象⑥，趋中韶、濩⑦，所以养耳也；龙旗九斿⑧，所以养信也⑨；寝兕、持虎、蛟韐、丝末、弥龙⑩，所以养威也；故大路之马必倍至教顺，然后乘之，所以养安也。孰知夫出死要节之所以养生也！孰知夫出费用之所以养财也！孰知夫恭敬辞让之所以养安也！孰知夫礼义文理之所以养情也⑪！故人苟生之为见，若者必死；苟利之为见，若者必害；苟怠惰偷懦之为安，若者必危；苟情说之为乐⑫，若者必灭。故人一之于礼义，则两得之矣；一之于情性，则两丧之矣。故儒者将使人两得之者也，墨者将使人两丧之者也，是儒、墨之分也。

【注释】

①轻重：卑尊。称：相称，合宜。

②大路：即"大辂"，古代天子坐的车。

③侧：大路的两旁。载：放置。睪（zé）芷：香草。睪，通"泽"。

④错：涂饰。衡：车前的横木。

⑤和鸾：车上的铃。

⑥武：武王乐。象：武王舞。

⑦韶：舜乐。濩：汤乐。

⑧斿（liú）：旗上的飘带。

⑨信：通"神"，神气。

⑩寝兕：卧着的犀牛。持虎：蹲着的虎。持，同"跱"。这两样东西都是画在天子车轮上的图案。蛟韅（xiǎn）：鲛鱼皮做的马肚带。韅，马肚带。丝末：丝织的盖车布。末，通"幭（mì）"，车轼上的覆盖物。弥龙：金饰的龙首，在车子的衡轭的末端。

⑪礼义文理：礼义的各种规范和仪式。

⑫说：同"悦"。

【译文】

君子既得到了养欲之道，同时也强调其中的区别。什么是区别呢？答：就是贵贱有等级、长幼有差别，贫富尊卑都有与其相称者。所以天子出门则乘大辂，坐蒲席，用这些来使其身体舒服；车两边放上香草，是为了满足嗅觉的需要；镀金的横木，是为了让眼睛看着舒服；车上和鸾的声音，慢行的时候，合乎武、象的音乐，疾走的时候，合乎韶、濩的音乐，是为了听上去悦耳；龙旗上有九条飘带，是为了显示君主的气派；车轮上画的卧着的犀牛、蹲着的虎、鲛鱼皮做的马肚带、丝织的车帘、金饰的龙首，都是为了衬托君主的威严；所以为天子驾车的马，一定要选择天性驯良的，并教之使其驯服，然后才能乘坐，目的就是为了让天子安心舒适。谁会知道舍生而求名节也是为了养生！谁会知道舍得花钱也是为了求财！谁会知道恭敬辞让也是为了达到安定无争夺！谁会知道礼义仪式也是为了培养高尚的情感！所以一个人假如只是一味贪生，这样的人就一定会死！假如一个人只是一味贪利，这样的人就一定会招来祸害！假如一个人安于松懈懒惰，这样的人就一定会有危险！假如一个人只以满足性情为乐，这样的人就一定会丧失礼义道德！所以一个人专于礼义，那么性情和礼义都可以得到；一个人一味追求性情的满足，那么两样都会失去。所以儒家是要使人两样都得到，墨家则是要使人两样都失去，这就是儒、墨的区分所在。

礼有三本^①：天地者，生之本也；先祖者，类之本也；君师者，治之本也。无天地恶生？无先祖恶出？无君师恶治？三者偏亡焉，无安人。故礼，上事天，下事地，尊先祖而隆君师^②。是礼之三本也。

【注释】

①本：根本，本源。

②隆：推崇。

【译文】

礼有三个本源：天地，是生命的本源；先祖，是族类的本源；师长，是治理国家的本源。没有天地，生命从何而来？没有先祖，我们从何而来？没有师长，国家如何得到治理？三者缺一方面，人们就没法得到安宁。所以礼，上是用来祭祀天的，下是用来祭祀地的，也是表示对祖先和君师的尊重的。这是礼义的三个根本。

故王者天太祖^①，诸侯不敢坏，大夫士有常宗^②，所以别贵始^③。贵始，得之本也^④。郊止乎天子^⑤，而社止于诸侯^⑥，道及士大夫^⑦，所以别尊者事尊，卑者事卑，宜大者巨，宜小者小也。故有天下者事七世^⑧，有一国者事五世^⑨，有五乘之地者事三世^⑩，有三乘之地者事二世^⑪，持手而食者不得立宗庙，所以别积厚者流泽广^⑫，积薄者流泽狭也。

①天太祖：以太祖配天祭祀。太祖，每个朝代的开创
　　皇帝。

②常宗：指"百世不迁之大宗"，即一个宗族的嫡长子
　　传下来的大宗。

③别贵始：重视各自宗族的始祖。

④得：通"德"。

⑤郊：古代的祭天之礼。

⑥社：古代的祭地之礼。

⑦道：除丧服的祭祀。

⑧有天下者：指天子。事七世：侍奉七代祖先，即可
　　以立七代祖先的神庙。

⑨有一国者：指诸侯。《礼记·王制》："天子七庙，三
　　昭三穆，与太祖之庙而七。诸侯五庙，二昭二穆，
　　与太祖之庙而五。大夫三庙，一昭一穆，与太祖之
　　庙而三。"

⑩五乘之地者：五十里封地，指大夫。古代十里为乘，
　　每乘出兵车一辆。

⑪三乘之地者：指士。

⑫积厚：功业大。积，通"绩"。流泽：流传给后世
　　的遗风。泽，遗风。

【译文】

　　所以做王的人将开国君主配天进行祭祀，诸侯也不敢
毁坏始祖的宗庙，大夫和士也都有百世不变的祭祀的大宗，
目的就是为了表示尊重各宗族的始祖。尊重始祖，就是道

德的开始。只有君主才能祭天，只有诸侯以上的才能祭地，士大夫以上的都可以有除丧服的祭祀，这就是为了有所区别，只有尊贵的才能侍奉尊贵的，卑贱的只能侍奉卑贱的，应该大的就大，应该小的就小。所以天子可以立七代祖先的庙，诸侯可以立五代祖先的庙，大夫可以立三代祖先的庙，一般的士阶层可以立二代祖先的庙，普通劳动者，不可以设立宗庙，目的就是要有所区别，让功业大的流传广大，功业小的流传狭小。

大飨①，尚玄尊②，俎生鱼③，先大羹④，贵食饮之本也⑤。飨⑥，尚玄尊而用酒醴⑦，先黍稷而饭稻粱⑧，祭，齐大羹而饱庶羞⑨，贵本而亲用也。贵本之谓文⑩，亲用之谓理，两者合而成文，以归大一⑪，夫是之谓大隆⑫。故尊之尚玄酒也，俎之尚生鱼也，豆之先大羹也⑬，一也⑭。利爵之不醮也⑮，成事之不俎不尝也，三臭之不食也⑯，一也⑰。大昏之未发齐也⑱，大庙之未入尸也，始卒之未小敛也⑲，一也⑳。大路之素末集也㉑，郊之麻绖也㉒，丧服之先散麻也㉓，一也㉔。三年之丧，哭之不反也㉕，《清庙》之歌㉖，一唱而三叹也，县一钟㉗，尚拊、膈㉘，朱弦而通越也㉙，一也㉚。

【注释】

①大飨（xiǎng）：在太庙中合祭历代祖先。
②尚：同"上"，供上。玄尊：盛清水的酒杯。这里用

清水作为酒。

③俎（zǔ）：祭器，盛载鱼肉。

④大羹：不加调味的肉汁。大，读作"太"。

⑤本：本源，本始。

⑥祫：通"享"，指四季的庙祭。

⑦用：酌献。酒醴：甜酒。

⑧黍稷：指五谷粮食。饭稻粱：指供上熟米饭。

⑨齐：读为"跻"，升。庶羞：指各种美味。

⑩文：文饰，指礼的形式。

⑪大一：太一，太古之时。大，同"太"。

⑫大隆：最隆重。

⑬豆：古代盛食物的器皿。

⑭一也：意思是一同于太古。以上所言皆贵本的意思，
所以说"一"。

⑮利爵：利献上的酒。利，古代祭祀时用一个活人代
表死者受祭，叫做"尸"，劝"尸"吃东西的人叫
"利"。醮（jiào）：喝尽。

⑯臭：用鼻子闻其气，意思是食毕。

⑰一：三者是礼之终，故云"一"。

⑱昏：同"婚"。发：致。齐：读作"醮"，古代婚礼
的一种形式，父亲亲自醮子，令其前往迎亲。

⑲小敛：为死者换上寿衣。

⑳一：三者都是礼之初始，仪文有所未备，故云
"一"。

㉑素末：即上文的"丝末"，丝织的车帘。

㉒绕：通"冕"，帽子。

㉓散麻：腰间系的麻带。

㉔一：三者都是质朴不文，故云"一"。

㉕不反：指哭声很大，好像往而不返。

㉖清庙：《诗经·周颂》里的篇名。

㉗县：同"悬"。

㉘拊（fǔ）、膈（gé）：都是古代乐器。

㉙朱弦：指瑟。通越：在瑟底通空，使瑟音低沉。越，
　瑟的底孔。

㉚一：以上三者是讲礼的仪式等从质朴，故云"一"。

【译文】

　　在太庙中合祭历代祖先，供上盛着清水的酒杯，将生
鱼放在俎中，先献上没有调料的肉汁，这是表示尊重饮食
的本源。四季祭祖的时候，供上盛着清水的酒杯，然后供
上甜酒，先献上五谷粮食，然后献上熟米饭，每月的祭祀，
供上没有调料的肉汁，然后献上各种美味的食品，这表示
既尊重饮食的本源，又便于被祭祀者食用。尊重饮食的本
源是礼的形式，便于食用近于人情常理，两者相合就成为
完备的礼仪，而合乎太古时代的情况，这就是最隆重的礼。
所以用酒杯供上清酒，用俎供上生鱼，用豆献上没有调料
的肉汁，意思是一致的，都是要尊重饮食的本源。"尸"不
把"利"献上的酒喝干净，祭祀完毕不尝俎上的生鱼，对
于献上的食物三次歆享其气而不吃掉，意思也是一致的，
都是表示祭祀完毕。举行盛大的婚礼还没有开始去迎亲的
时候，祭祀太庙时"尸"还没有进入的时候，人刚死去还

没有换上寿衣的时候，这都是礼刚开始的情况。大辂上丝织的车帘，郊祭时戴的麻布帽，丧服腰间所系的麻带，都是表示礼的服饰要跟从简朴的原则。人死三年祭祀的时候，哭声嚎啕，唱《清庙》之歌，一人唱而三人和，悬挂一口钟，上面有拊、鬲，将瑟的底部穿上孔，这也都是表示礼的仪式应该质朴不文。

　　凡礼，始乎棁①，成乎文，终乎悦校②。故至备，情文俱尽；其次，情文代胜；其下，复情以归大一也。天地以合③，日月以明，四时以序，星辰以行，江河以流，万物以昌，好恶以节，喜怒以当，以为下则顺，以为上则明，万变不乱，贰之则丧也④。礼岂不至矣哉！立隆以为极⑤，而天下莫之能损益也。本末相顺⑥，终始相应⑦，至文以有别，至察以有说⑧。天下从之者治，不从者乱；从之者安，不从者危；从之者存，不从者亡。小人不能测也。

【注释】

①棁：应作"脱"，简略。

②校：当作"恔（xiào）"，快意，称心。

③合：和谐，调和。

④贰：违背。丧：丢失。

⑤立隆：指建立完备的礼制。隆，中正，最高的准则。

　极：最高准则。

⑥本：礼的根本原则。末：礼的各种具体规定。

⑦终：即前面所言终于悦恔。始：即前面所言始于
疏略。

⑧说：所以然之理。

【译文】

礼，开始时都很简陋，逐渐完备，最后达到乐的境界。
所以礼达到最完备的时候，人情能得到充分的表现，礼仪
也能非常完善；次一等，或者情胜过文，或者文胜过情；
最次一等，是只重视质朴的情感，回归到太古之时的情况。
天地因为有礼而更加调和，日月因为有礼而更加明亮，四
时因为有礼而更加有序，星辰因为有礼而正常运行，江河
因为有礼而奔流不息，万物因为有礼而繁荣昌盛，人之好
恶因为有礼而得到节制，喜怒因为有礼而恰当得宜，用礼
来约束百姓，百姓就顺从，用礼来规范君主，君主就会贤
明，以礼为标准，则世间万物虽然变化多端也不会混乱，
违背礼就会失去这些。礼，难道不是最高的境界吗！建立
完备的礼制作为最高准则，那么天下就没有什么东西能对
它有所更正。礼的根本原则和具体规则互相顺应，情感和
仪式互相应合，最完备的礼义，尊卑则有别，最细密的礼
义，是非标准就会清楚。遵循礼义之道天下就会得到治理，
不遵循就会混乱；遵循礼义之道天下就会安定，不遵循就
会危险；遵循礼义之道天下就会保全，不遵循就会灭亡。
小人是不能深刻理解其中的道理的。

礼之理诚深矣，"坚白"、"同异"之察入焉而

溺①；其理诚大矣，擅作典制辟陋之说入焉而丧②；其理诚高矣，暴慢、恣睢、轻俗以为高之属入焉而队③。故绳墨诚陈矣，则不可欺以曲直；衡诚县矣④，则不可欺以轻重；规矩诚设矣⑤，则不可欺以方圆；君子审于礼，则不可欺以诈伪。故绳者，直之至；衡者，平之至；规矩者，方圆之至；礼者，人道之极也⑥。然而不法礼，不足礼⑦，谓之无方之民⑧；法礼足礼，谓之有方之士。礼之中焉能思索，谓之能虑；礼之中焉能勿易⑨，谓之能固。能虑能固，加好者焉，斯圣人矣。故天者，高之极也；地者，下之极也；无穷者，广之极也；圣人者，道之极也。故学者，固学为圣人也，非特学为无方之民也。

【注释】

①坚白：即"离坚白"，名家公孙龙的命题之一。同异：即"合同异"，名家惠施辩论的命题之一。察：察辩。溺：淹没。

②擅作典制：擅自编造典章制度。

③暴慢、恣睢：胡作非为，放荡不羁。队：同"坠"，失败。

④衡：秤。县：同"悬"。

⑤规矩：圆规和曲尺。

⑥人道：为人、治国的原则。

⑦足礼：重视礼。

⑧无方：无道，指不走正道而走邪道。

⑨礼之中焉：在礼之中。意思是如果不在礼之中，即使能思索、能坚持，也是无益的。

【译文】

礼的道理实在是深啊，"离坚白"、"合同异"之说可谓辩察，然而一旦与礼相遇，立刻就被淹没；礼的道理真是伟大啊，那些擅自编造典章制度、邪僻浅陋的学说，一旦与礼相遇，立刻就会消亡；礼的道理实在是高明啊，那些胡作非为，放荡不羁，轻薄浅俗而又自命为高的人，一旦与礼相遇，立刻就会败倒。所以真正的绳墨标准在那里，就没法混淆曲直来欺骗人了；秤摆在前面，就没法混淆轻重来欺骗人了；规矩设立了，就没法混淆方圆来欺骗人了；君子明察于礼，奸诈不实的学说就没法欺骗人了。所以绳墨是最直的；秤是最公平的；规矩是方圆的最高标准；礼，则是为人、治国的最高准则。不遵守礼，不重视礼，就是不走正道的人；遵守礼，重视礼，就是走正道的人。在礼之中，能思考，叫做深思熟虑；在礼之中，能不变，叫做坚定。能深思熟虑、能不变，加上爱好礼，这就是圣人了。天，是高的极限；地，是低的极限；无穷，是广大的极限；圣人，则是道德的最高标准。所以，学习，是要学着做圣人，而不是要学做不守道的人。

礼者，以财物为用①，以贵贱为文②，以多少为异，以隆杀为要③。文理繁，情用省④，是礼之隆也；文理省，情用繁，是礼之杀也。文理、情用相为内外表里，并行而杂，是礼之中流也⑤。故君子上致其隆，下尽其杀，而中处其中。步骤、驰骋、厉骛不外是矣⑥，是君子之坛宇、宫廷也⑦。人有是⑧，士君子也；外是，民也；于是其中焉，方皇周挟⑨，曲得其次序，是圣人也。故厚者，礼之积也；大者，礼之广也；高者，礼之隆也；明者，礼之尽也。《诗》曰："礼仪卒度，笑语卒获⑩。"此之谓也。

【注释】

①以财物为用：指互相馈赠礼物、表达情意的行为。

②以贵贱为文：车服旗章，各有不同，贵贱所分，这就是文仪。

③杀（shài）：简省。

④文理繁，情用省：文理，威仪。情用，忠诚。"文理"表现于外，"情用"则表现于内。

⑤中流：中道。

⑥步骤：走。厉：疾飞。骛：奔驰。是：指礼的范围。

⑦坛宇、宫廷：这里是借屋宇为喻，意思是"范围"，表示君子的活动应在礼的范围内。

⑧有：指居住。

⑨方皇：通"彷徨"。周挟：周遍。

⑩"礼仪卒度"两句：此处引诗出自《诗经·小雅·楚茨》。卒，尽，完全。获，得当。

【译文】

礼，以财物馈赠为行礼之用，以车服旗章的不同为贵贱的文饰，以衣物车马等多少的不同来表示上下等级，以丰厚或者简省得当为要。文饰礼仪多，诚心少，这是隆重礼的表现。文饰礼仪少，诚心多，这是简省礼的表现。文饰礼仪和内心的情感内外符合，互相表里，并行相会，这就是礼的中道。所以君子，对待大礼则极其隆重，对待小礼则尽量简省，对待中等的礼则取其适中。所以，走路、疾走、快跑，君子的一切行为都不应该超出礼的范围；这就像是君子应当住在屋宇宫廷中一样。居住在其中就是士君子，住在它的外面，就是普通人了；如果在礼的范围内，能够随意活动而又能完全符合礼的要求，这就是圣人了。所以说君子厚重的德行，是积累礼义所致；君子博大的精神，是处处遵循礼义所致；君子高尚的品德，是推崇礼的结果；君子能够明察，是因为完全做到了礼的要求。《诗经》上说："礼仪如果完全合乎法度，言谈笑语就会得当。"说的就是这个意思。

礼者，谨于治生死者也。生，人之始也；死，人之终也；终始俱善，人道毕矣。故君子敬始而慎终。终始如一，是君子之道，礼义之文也。夫厚其生而薄其死，是敬其有知而慢其无知也，是奸人之道而倍叛之心也[1]。君子以倍叛之心接臧谷[2]，犹且羞之，而况以事其所隆亲乎[3]！故死之为道也，一而不可得再复也，臣之所以致重其君，子之所以致重其亲，于是尽矣。故事生不忠厚，不敬文谓之野[4]，送死不忠厚，不敬文，谓之瘠[5]。君子贱野而羞瘠，故天子棺椁七重^⑥，诸侯五重，大夫三重，士再重。然后皆有衣衾多少厚薄之数，皆有翣菨文章之等以敬饰之^⑦，使生死终始若一，一足以为人愿，是先王之道，忠臣孝子之极也。天子之丧动四海，属诸侯；诸侯之丧动通国，属大夫^⑧；大夫之丧动一国，属修士^⑨；修士之丧动一乡，属朋友；庶人之丧合族党，动州里^⑩。刑余罪人之丧不得合族党^⑪，独属妻子，棺椁三寸，衣衾三领，不得饰棺，不得昼行，以昏殣^⑫，凡缘而往埋之，反无哭泣之节，无衰麻之服，无亲疏月数之等，各反其平，各复其始，已葬埋，若无丧者而止，夫是之谓至辱。

【注释】

①倍叛之心：指背离了对死者生前的敬重。倍，通"背"。

②接：对待。臧：奴仆。谷：小孩。

③所隆亲：指君主和父母。

④野：文的反义词，表示无礼。

⑤瘠：薄，奉养薄。

⑥椁（guǒ）：套棺。

⑦翣菨（shàjiè）：当作"菨翣"，棺材上的装饰物。

⑧属：合，汇聚。

⑨修士：士之进修者，指上士，士阶层中地位较高的那一部分。

⑩州里：乡里。

⑪刑余罪人：指犯罪而受到制裁的人。

⑫昏殣（jìn）：黄昏时埋葬。殣，葬，掩埋。

【译文】

礼，对于生死之事的办理最为慎重。活着，是生命的开始；死亡，是人生的终结；生与死都能按照礼处理得十分妥善，人道就全了。所以君子敬畏生命而慎重对待死亡。君子敬畏生命，慎重对待死亡，态度如一，这就是礼义文理了。人活着的时候善待他，人死后却怠慢他，这是只尊敬他有知觉的时候而怠慢其无知觉的时候，这就是恶人的做法，背叛了始终如一的原则。君子用背叛之心对待奴仆、小孩尚且觉得羞耻，更何况用这种态度对待自己所尊重的君主和父母！死这件事，只能有一次而不可能有第二次，生命不可以复生，所以臣对君主的特别敬重，儿子对父母的特别敬重，在死这一点上，最能得到表达。生前对君主父母侍奉得不够忠心诚厚，不恭敬而有礼文，这就是无礼；送死的时候不忠诚笃厚，不恭敬而有礼文，这叫做刻薄。君子轻视无礼而以刻薄为羞，所以天子的棺椁有七层，诸侯有五层，大夫有三层，士有两层。然后衣被等所有送终之物，其多少厚薄都有一定的规定，棺椁上的装饰物和图案，也都有不同的等级，以此来表达敬饰之意，使生死如一，一切都满足人的愿望，这是先王之道，是忠臣孝子之极致啊。天子的丧事惊动天下，诸侯都汇聚而来参加丧礼；诸侯的丧事惊动通好之国，大夫都汇聚而来参加丧礼；大夫的丧礼惊动了同朝的官吏，修士都汇聚而来参加丧礼；修士的丧礼惊动了一乡，朋友都汇聚而来参加丧礼；

庶人的丧礼，汇聚了同族的人，惊动了乡里。受过刑罚的人，死了不可以聚合同族乡党，只能聚集妻子儿女，其棺椁只能有三寸之厚，陪葬的衣服被子只能有三件，棺材上不能有装饰，不在白天行殡，只能在黄昏时埋葬，埋葬时死者的妻子穿戴一如平常。回来时没有哭泣的礼节，不穿麻戴孝，也没有各种守丧的规定，埋葬后，他的妻子儿女就恢复到平时的样子，已经埋葬后，就好像家里没有死人，做到这样就止住了，这便是最耻辱的了。

礼者，谨于吉凶不相厌者也①。纩绖听息之时②，则夫忠臣孝子亦知其闵已③，然而殡敛之具未有求也；垂涕恐惧，然而幸生之心未已，持生之事未辍也；卒矣，然后作、具之④。故虽备家，必逾日然后能殡，三日而成服⑤。然后告远者出矣，备物者作矣。故殡，久不过七十日，速不损五十日。是何也？曰：远者可以至矣，百求可以得矣，百事可以成矣，其忠至矣，其节大矣，其文备矣⑥。然后月朝卜日⑦，月夕卜宅，然后葬也。当是时也，其义止⑧，谁得行之？其义行，谁得止之？故三月之葬，其貌以生设饰死者也⑨，殆非直留死者以安生也，是致隆思慕之义也。

【注释】
①相厌：互相遮掩。厌，掩。
②纩绖（zhùkuàng）听息：把新棉絮放在快死者的鼻

前，观察病者的气息，看其是否断气。纮，安放。
绖，新棉絮，易动，所以用来试病者的气息。

③闵：病非常重。

④作：开始作。具：备。

⑤成服：穿丧服。

⑥文：器用和仪制。

⑦月朝：当作"日朝"，早上。下文"月夕"当作"日
夕"，晚上。

⑧义：这里指按照礼的规定去办理丧事的原则。

⑨貊：同"貌"，像，效法。

【译文】

礼，对于吉凶之事最为谨慎，不能让它们互相混淆。
人在弥留之际，虽然忠臣孝子知道他病得很重，但殡殓的
物品，还不能准备；虽然流泪恐惧，但期望病者能活下来
的心还存在，所以还做着侍奉活者的事；人死了，才开始
准备殡殓之物。所以虽然是准备充分的人家，也一定要过
几天才能殡葬，三天后再穿孝服。然后去外地报丧的人才
可以出发，准备物品的人才开始办理。所以殡葬，长的不
超过七十天，短的不会低于五十天。这是什么原因？答：
这样的话，远方吊唁的人可以赶来了，需要准备的各种东
西也都齐全了，各种要办的事情也都做好了，可以说诚心
到了极点，人子之孝节也都尽到了，各种器用和仪制也都
完备了。然后早上占卜选择下葬的日期，下午占卜选择下
葬的地点，之后才能下葬。在这种时候，按照礼的要求应
当停止的，谁能强行再做什么？按照礼的要求该做的事情，

谁能停止不做？所以三个月以后再埋葬，三个月之内效法活着时的陈设来装饰死者，这并不是为了要留下死者来安慰活人，而是对死者表达尊重悼念的感情。

丧礼之凡①：变而饰②，动而远③，久而平。故死之为道也，不饰则恶，恶则不哀④，尔则玩⑤，玩则厌⑥，厌则忘⑦，忘则不敬。一朝而丧其严亲，而所以送葬之者不哀不敬，则嫌于禽兽矣⑧，君子耻之。故变而饰，所以灭恶也；动而远，所以遂敬也；久而平，所以优生也⑨。

【注释】

①凡：总括，概要。

②变：指尸体变形。

③动而远：越动越远。此即子游所谓“饭于牖下，小敛于户内，大敛于阼阶，殡于客位，祖祭于庭，葬埋于墓”的意思（《礼记·檀弓下》）。

④恶：丑恶。这里指尸体变形很难看。

⑤尔：通“迩”，近。

⑥玩：狎昵。

⑦忘：应为“怠”，怠慢。下同。

⑧嫌：疑似。

⑨优生：对活着的人有好处，不使其因哀伤毁伤身体。

【译文】

丧礼的大要是：尸体逐渐变形，要加以整饰，从入殓到殡葬，死者放的地方越来越远，时间久了哀痛的心情要逐渐平复。所以对待死者，尸体不整饰就很难看，难看就不会引起生者的悲哀，太靠近就会狎昵，狎昵就会讨厌，讨厌则会怠慢，怠慢就会产生不敬。一旦失去了自己尊敬的父母，而送葬的人却不哀不敬，这就与禽兽近似了，君子是以此为耻的。所以尸体变形就要整饰，目的是为了避免难看；死者放的地方越来越远，是为了表达对死者的敬意；时间久了，哀痛的心情慢慢平复，是为了让生者好好活下去。

礼者，断长续短①，损有余，益不足，达爱敬之文，而滋成行义之美者也②。故文饰、粗恶、声乐、哭泣、恬愉、忧戚，是反也；然而礼兼而用之，时举而代御③。故文饰、声乐、恬愉，所以持平奉吉也④；粗恶、哭泣、忧戚，所以持险奉凶也。故其立文饰也不至于窕冶⑤；其立粗恶也，不至于瘠弃⑥；其立声乐恬愉也，不至于流淫惰慢；其立哭泣哀戚也，不至于隘慑伤生⑦，是礼之中流也。故情貌之变足以别吉凶，明贵贱亲疏之节，期止矣，外是，奸也，虽难，君子贱之。故量食而食之，量要而带之⑧。相高以毁瘠，是奸人之道也，非礼义之文也，非孝子之情也，将以有为者也⑨。故说豫娩泽⑩，忧戚萃恶⑪，是吉凶忧愉之情发于颜色者也。歌谣謸笑⑫，哭泣谛号⑬，是吉凶忧愉之情发于声音者也。刍豢、稻粱、酒醴⑭，餰鬻、鱼肉、菽藿、酒浆⑮，是吉凶忧愉之情发于食饮者也。卑绝、黼黻、文织⑯，资粗、衰绖、菲缪、菅屦⑰，是吉凶忧愉之情发于衣服者也。疏房、檖貌、越席、床笫、几筵，属茨、倚庐、席薪、枕块⑱，是吉凶忧愉之情发于居处者也。两情者⑲，人生固有端焉。若夫断之继之，博之浅之，益之损之，类之尽之，盛之美之，使本末终始，莫不顺比⑳，足以为万世则，则是礼也，非顺孰修为之君子莫之能知也㉑。

【注释】

①断长续短：取长补短。这里指的是，让贤者不要过于执于礼，让不肖的人勉力做到礼。

②滋成：养成。行义：按照礼的规则去做。

③御：使用。

④持平奉吉：对待平安吉祥的事。持，对待。奉，伺候。

⑤窕冶：妖艳。

⑥瘠弃：贫瘠。

⑦隘慑：过分悲伤。隘，穷。慑，悲伤。

⑧量：适量。要：同"腰"。

⑨将以有为者：指有其他目的。如《不苟》篇中陈仲、史䲡之类欺世盗名者之所为。

⑩说：同"悦"。豫：快乐。婉（wǎn）泽：面色润泽。婉，明媚。

⑪萃：通"悴"，憔悴。

⑫歌谣：唱歌。謸：同"傲"，戏谑。

⑬谛：同"啼"。

⑭酒醴：甜酒。

⑮饘（zhān）：稠粥。鬻：同"粥"，稀粥。菽：豆类。藿：豆叶。酒浆：当作"水浆"。刍豢、稻粱、酒醴、鱼肉，是办吉事的饮食；饘鬻、菽藿、酒浆是办凶事的饮食。

⑯卑绖：卑冕，衮冕以下之通称。绖，通"冕"。文织：有彩色花纹的丝织品。

⑰资粗：粗布。衰绖（cuīdié）：丧服。菲繐（suì）：薄而稀的布。菲，稀。繐，细疏布，因薄而名"菲繐"。菅（jiān）屦：草鞋。

⑱属茨：以茨草相联属，指草屋。倚庐：守丧人住的简陋木屋。席薪：居丧时以柴草委席。枕块：居丧时以土块为枕。

⑲两情：指吉与凶、忧与喜。

⑳顺比：协调。比，比附。

㉑顺孰修为之君子：指精习于礼的人。顺，通"慎"。孰，同"熟"。修为，修治。

【译文】

礼，就是用来取长补短，减少多出的，弥补不足的，既要达到爱慕崇敬死者的礼节目的，又能养成按照礼的规则去做的美德。所以文饰与粗恶、声乐与哭泣、恬愉与忧愁，这些情感是对立的；然而礼都能兼用，随时变换使用。文饰、声乐、恬愉，是用来对待平安吉祥的事；粗恶、哭泣、忧戚是用来对待凶险的事。所以礼虽有文饰，但不会流于妖冶，虽用粗恶的仪式，但不会流于贫瘠；礼有声乐、恬愉，但不会流于放荡懈怠；礼有哭泣哀戚，但不会过分悲伤而伤害身体，这就是礼的中道。所以人们情貌的变化，只要能达到辨别吉凶、明晰贵贱亲疏的差别，这就可以了，如果不是这样，就是奸人的行为，虽然做起来很难，君子也看不起他。所以要根据食量大小而进食，根据腰的粗细扎带子，用毁伤自己的身体来追求更高的名利，这是奸人的行为，不是礼义的节文，不是孝子的真情，而是有其他的目的。高兴快乐、面色润泽，忧愁悲戚，面色憔悴，是吉凶忧喜之情在脸上自然的外现。唱歌戏谑、哭啼号啕，是吉凶忧喜之情在声音上自然的外现。刍豢、稻粱、酒醴，饘鬻、鱼肉、菽藿、酒浆是吉凶忧喜之情在饮食上自然的表现。卑绖、黼黻、文织，粗布、衰绖、菲缪、草鞋是吉凶忧喜之情在衣服上自然的表现。疏房、檖貌、越席、床第、几筵，草屋、倚庐、席薪、枕块是吉凶忧喜之情在居室上自然的表现。吉与凶，忧与喜，是人生固有的两类情感。如果能够以礼节制情感，取长补短，中断的补上，不足的扩大，过分的减少，使同类事物，各尽其位，丰盛完美，让文饰与情感，生和死都很协调完备，完全可以成为万世不变的法则，这就是礼。若不是对礼十分谨慎、精熟，而且努力去做的君子，是不能明白这个道理的。

故曰：性者，本始材朴也①；伪者②，文理隆盛也。无性则伪之无所加，无伪则性不能自美。性伪合，然后圣人之名一，天下之功于是就也。故曰：

天地合而万物生，阴阳接而变化起，性伪合而天下治。天能生物，不能辨物也；地能载人，不能治人也；宇中万物生人之属，待圣人然后分也③。《诗》曰："怀柔百神，及河乔岳④。"此之谓也。

【注释】

①材朴：材质。

②伪：人为。

③分：等分。即所谓贵贱之等、父子之分、男女之别。

④"怀柔百神"两句：引诗见《诗经·周颂·时迈》。怀柔，安抚。乔，高。

【译文】

所以说：本性，是人天生的材质；人为，是盛大的礼法文理。没有本性，那么礼法文理就没有地方施加，没有人为，人本始的天性就不能自己变得美起来。本性与人为的结合，才能成就圣人之名，天下的功业也才能完成。所以说：天地和谐，万物才能生长，阴阳相接，世界才能变化，人的天性与后天的礼义结合，天下才能得到治理。天能产生万物，却不能治理它；地能养育人，却不能治理人；世界上的万物和人类，必须依靠圣人制定礼法，然后才能各得其位。《诗经》说："安抚百神，以及大河高山。"说的就是这个意思。

丧礼者，以生者饰死者也，大象其生以送其死也①。故事死如生，事亡如存，终始一也②。始卒，沐浴、鬠体、饭唅③，象生执也④。不沐则濡栉三律而止⑤，不浴则濡巾三式而止⑥。充耳而设瑱⑦，饭以生稻，唅以槁骨⑧，反生术矣。设褽衣⑨，袭三称⑩，缙绅而无钩带矣⑪。设掩面儇目⑫，鬠而不冠笄矣⑬。书其名，置于其重⑭，则名不见而柩独明矣。荐器则冠有鍪而毋縰⑮，瓮、庑虚而不实⑯，有簟席而无床笫⑰，木器不成斫⑱，陶器不成物⑲，薄器不成内⑳，笙竽具而不和，琴瑟张而不均，舆藏而马反㉑，告不用也。具生器以适墓㉒，象徙道也。略而不尽，貌而不功，趋舆而藏之，金革辔靷而不入㉓，明不用也。象徙道，又明不用也，是皆所以重哀也。故生器文而不功，明器貌而不用㉔。凡礼，事生，饰欢也；送死，饰哀也；祭祀，饰敬也；师旅㉕，饰威也：是百王之所同，古今之所一也，未有知其所由来者也。故圹垄㉖，其貌象室屋也；棺椁，其貌象版、盖、斯、拂也㉗；无、帾、丝歶、缕翣㉘，其貌以象菲、帷、帱、尉也㉙。抗折㉚，其貌以象槾茨、番、阂也㉛。故丧礼者，无它焉，明死生之义，送以哀敬而终周藏也㉜。故葬埋，敬藏其形也；祭祀，敬事其神也；其铭、诔、系世㉝，敬传其名也。事生，饰始也；送死，饰终也。终始具而孝子之事毕，圣人之道备矣。

【注释】

①大象：大致效法。

②终始一也：指对生死都以礼来对待。

③鬠（kuò）：把头发束在一起。体：剪指甲等。饭唅（hán）：把玉、珠、贝、米之类放在死者的嘴里，放的东西视贵贱有所不同。

④象生执：仿效活着时做事的样子。

⑤濡：沾湿。栉（zhì）：梳篦之类的总称。笄：梳头发。

⑥式：通"拭"，擦拭。

⑦充耳：塞耳。瑱（tiàn）：塞耳的玉。

⑧槁骨：应为"皓贝"，白色的贝壳。

⑨亵（xiè）衣：内衣。

⑩袭三称：入殓前给死者加外衣三套。

⑪缙（jìn）绅：插笏的腰带。缙，同"搢"，插。绅，古代贵族束在腰间的大带。钩：衣带上的钩子。人死不必穿衣解衣，所以不设钩带。

⑫偯：通"幎"，读如"紫"，掩盖。

⑬笄（jī）：插在头发上的饰物。

⑭重（chóng）：木做的代以受祭的神主牌。

⑮荐器：陈设陪葬的器物。鍪（móu）：帽子。毋：无。缕（shǐ）：包头发的丝织物。

⑯瓮（wèng）、庑（wǔ）：都是陶制的器皿。庑，即"甒"（wǔ）。

⑰簟（diàn）席：细苇席。无床笫：棺中不设床垫。

⑱斫（zhuó）：雕饰。

⑲不成物：只具形状，未成完整能用的器皿。

⑳薄器：竹或苇做的器皿。内：或以为当作"用"。

㉑舆：丧车。藏：埋。马反：驾车的马返回不埋。

㉒生器：活着时的用器，如弓矢盘盂之类。适：往。

㉓金：车铃。革：车鞅。辔（pèi）：嚼子和缰绳。靷（yǐn）：车上套马用的皮带。

㉔明器：随葬品，也叫"鬼器"。貌：同"貌"。

㉕师旅：这里指军事活动中的礼仪。

㉖圹（kuàng）：墓穴。垄：坟墓。

㉗版：车辆旁挡风沙的厢板。盖：车顶盖。斯：疑为"靳"字之误，"靳"借做"鞎（hén）"，即车前革制的车饰。拂：即"茀"，车后的遮蔽。

㉘无：通"帗（hū）"，帐子一类的东西。帾：通"褚"，帐子一类的东西。这两种东西都是棺木上的装饰物。丝鬵（yú）：大概是丝织的丧车车饰。缕翣：同"蒌翣"，棺材上的装饰物。

㉙菲：挡门的草帘。帱（chóu）：单帐子。尉：通"罻（wèi）"，像网状的帷帐。

㉚抗：挡土的葬具。折：垫在炕下的葬具。

㉛墁（màn）：用泥土涂抹墙壁和房顶。茨（cí）：用茅草或苇盖房子。番：通"藩"，篱笆。阏（yān）：遮塞。这里指挡风尘的门户。

㉜周：周备，完备。藏：埋葬。

㉝铭：把死者的事迹刻在器物上。诔（lěi）：哀悼死者的文字、文章。系世：世代传袭的记载，如家谱之类。

【译文】

丧礼，就是用生前的样子去装饰死者，大致模仿他活着的时候的样子把死者送走。所以侍奉死者如同生者，侍奉死去的人如同他活着的时候，对于生死存亡都能按照礼的规定来做。人刚死时，要给他洗头、洗身体，要把头发束起来，为其修剪指甲，把玉、珠、贝、米之类放在死者的嘴里，都是仿效他活着时所做的事。不洗头的话就把梳篦沾湿，为死者梳三次头发，不洗身体的话就把毛巾沾湿，为其擦拭三遍。然后在他的耳朵里塞上玉，嘴巴里放上生的稻米，嘴里含上白色的贝壳，这是返生之法。入殓前给死者穿上内衣，外面加上三层衣服，把笏插在腰带上而不要设钩带。用绢帛盖住死者的面孔，头发束起来，男不戴帽，女不插笄。然后把死者的名字写在旌旗上，放在神主牌上，那么死者的名字就仅仅出现在柩前。陈设陪葬的器物：头上有帽子但没有包头发的布，有陶器但里面不放东西，有席子但没有床垫，木器不加雕饰，陶器只有简单的形状，但不能用，竹编的器物也只是略具其形而不能用，笙竽、琴瑟都陈设在那儿但不能弹奏音乐，送葬的车要埋掉，驾车的马则可以返回不埋，但不再用了。准备日常用品拉到墓地，像搬家一样。简略而不全备，只是大貌相似，而不求精工细作，赶着车把伴葬物品运到墓地埋葬，车铃、车鞅、嚼子和缰绳、车套都不入葬，但都不再用了。像搬家一样，又表示不再用了，这些都是为了强调孝子的哀思。所以活着时用的器皿，只是起到仪式的作用而不是要有实用，随葬品只是象征品而不具有实用。大致说来，礼的目的：侍奉生者，是为了表达欢乐；往送死者，是为了表示悲哀；祭祀，是为了表达敬意；军事礼仪，是为了表现军威：历代帝王都是这样做的，古今也都是一样的，但没有人知道这些礼仪的来源。所以墓穴和坟墓的样子，像人住的房子，棺椁的形状，像车的样子；覆盖尸体的布，覆盖棺材的帐子、装饰棺材的物品，丧车的饰品，样子都像门帘帷帐；挡土的那些葬具，样子像墙壁、屋顶、篱笆和门户。所以丧礼没有别的意思，只是用来表明生与死的意义，表示用哀痛崇敬的心情送死，并最后加以周全地埋葬。埋葬，就是怀着敬意把死者的形体收起来；祭祀，就是怀着敬意侍奉神灵；那些铭文谏文，世代相传的记载，就是怀着敬意把死者的名字传下去。侍奉活着的人，是用礼对待生命的开始，送死，是用礼对待生命的终结。养生送死都做到尽心尽力，那么孝子该做的事情也就做完了，圣人之道也就全备了。

刻死而附生谓之墨[①]，刻生而附死谓之惑，杀生而送死谓之贼。大象其生以送其死，使死生终始莫不称宜而好善，是礼义之法式也[②]，儒者是矣。

【注释】

①刻：刻薄。附：增添，丰厚。墨：指墨家的节葬主张。

②法式：法则仪式。

【译文】

刻薄死者而厚待活着的人，这是墨家的主张，刻薄活着的人而厚葬死去的人，这是糊涂，杀死活着的人去陪葬死者，这是害人。大致模仿一个人活着时候的情形去为他送死，使得生死始终无不合宜完善，这是礼义的法则仪式，是儒家的主张。

　　三年之丧何也？曰：称情而立文①，因以饰群别、亲疏、贵贱之节而不可益损也②，故曰无适不易之术也。创巨者其日久，痛甚者其愈迟，三年之丧，称情而立文，所以为至痛极也；齐衰、苴杖、居庐、食粥、席薪、枕块③，所以为至痛饰也。三年之丧，二十五月而毕，哀痛未尽，思慕未忘，然而礼以是断之者，岂不以送死有已，复生有节也哉！凡生天地之间者，有血气之属必有知，有知之属莫不爱其类。今夫大鸟兽则失亡其群匹④，越月逾时，则必反铅过故乡⑤，则必徘徊焉，鸣号焉，踯躅焉，踟蹰焉⑦，然后能去之也。小者是燕爵⑧，犹有啁噍之顷焉⑨，然后能去之。故有血气之属莫知于人，故人之于其亲也，至死无穷。将由夫愚陋淫邪之人与⑩？则彼朝死而夕忘之，然而纵之，则是曾鸟兽之不若也，彼安能相与群居而无乱乎？将由夫修饰之君子与？则三年之丧，二十五月而毕，若驷之过隙⑪，然而遂之，则是无穷也。故先王圣人安为之立中制节⑫，一使足以成文理，则舍之矣。

【注释】

①称情：根据哀情轻重。立文：制定丧礼的规定。

②饰群：区别人的亲疏贵贱。群，指五服之亲属。

③齐衰（zīcuī）：熟麻布做的一种衣服。苴（jū）杖：
　　哭丧时拄的竹杖。居庐：同"倚庐"，守丧人住的
　　小木屋。

④匹：配偶。

⑤铅：同"沿"。

⑥踯躅（zhízhú）：徘徊不进。

⑦踟蹰（chíchú）：犹豫不决。

⑧爵：通"雀"。

⑨啁啾（zhōujiū）：小鸟悲叫声。顷：一会儿。

⑩将由：依照。

⑪驷之过隙：好像快马从空隙中飞跑而过一样，形容
　　时间过得快。

⑫立中制节：制定适当的服丧年月加以限制。

【译文】

　　人子为父母服丧三年，这是为什么呢？答：这是根据
哀情轻重而制定的丧礼的规定，用以分别人的亲疏贵贱的
礼节，不能增减。所以说这是到哪里都不变的法则。大凡
人创伤愈大，愈合得愈慢，痛得愈厉害，好得愈慢，三年
的服丧，这是根据哀情而制定的规定，表示至痛到极点；
穿麻衣、拄竹杖、居庐屋、喝稀粥、睡草席、枕土块，就
是为了表示至痛之情。服丧三年，二十五月才结束，哀
痛还没有完，思念还没有忘却，然而礼却规定这时候中
止，难道不是因为送死应该有停止的时候，适当的时候应
该恢复正常生活？大凡生于天地之间，有血气的必然有知
觉，有知觉的没有不爱其同类的。比如，大鸟兽一旦失去

同伴，过了几个月，或者一定的时间，必然会沿着原路返回，经过故乡，一定在那儿徘徊，在那儿鸣叫，在那儿留连，在那儿犹豫，然后才能飞走。就连最小的燕雀，也会悲叫徘徊一会儿，然后才会离去。有血气的动物中，人最聪慧，所以人对自己父母的情感，到死都不会完。按照愚陋淫邪之人的做法办吗？亲人早上死了，晚上就忘到脑后去了，这样放纵下去，那就会连鸟兽都不如了，这种人怎么能与人友好地相处而不作乱呢？依着有品德的君子的做法办吗？那么三年的服丧，二十五个月，就好像快马过隙，但是假如顺其心愿去做，永远不除丧，那就会无穷无尽。所以先王圣人为人们制订适当的服丧年月加以限制，使人们一旦达到礼的规定，就可以除去丧服了。

然则何以分之^①？曰：至亲以期断^②。是何也？曰：天地则已易矣，四时则已遍矣^③，其在宇中者莫不更始矣^④，故先王案以此象之也^⑤。然则三年何也？曰：加隆焉^⑥，案使倍之，故再期也^⑦。由九月以下何也？曰：案使不及也。故三年以为隆，缌、小功以为杀^⑧，期、九月以为间^⑨。上取象于天，下取象于地，中取则于人，人所以群居和一之理尽矣。故三年之丧，人道之至文者也。夫是之谓至隆，是百王之所同也，古今之所一也。

【注释】

①分：区分亲疏不同的丧礼。

②至亲：指父母。期（jī）：周年。断：丧终。

③遍：轮流一遍。

④更始：更新，重新开始。

⑤案：语助词。象：象征。

⑥隆：隆重。

⑦再期：二年。

⑧缌（sī）：用细麻做成的丧服，服期三个月。小功：用较细的麻做成的衣服，服期五个月。杀（shài）：减省。

⑨间：在隆和杀之间。

【译文】

然而如何区分亲疏不同的丧礼呢？答：父母之丧，本以一年为终结。这又是为什么呢？答：一年之中，天地已经变了，四季已经轮流了一遍，天地中的有生之物，没有不开始更新的了，所以先王以人事效法天地，以此来象征新的开始。然而又有三年之丧的说法，这又是为什么？答：这是特别加重哀情的意思，使其加倍，所以加了两年。从九月以下递降，这又是因为什么？答：使其丧礼不如父母的隆重。所以三年服丧是最隆重的，穿缌，服期三个月，服期五个月是损减的礼，服期一年、九个月是中等的礼。礼的制定，上取法于天，下取法于地，中间取法于人，人们共同居住、和谐统一的道理全在这里了。所以三年之丧，是人间最完善的礼义制度。这就叫最为隆盛的礼，是历代帝王的共同之处，是古今一致遵守的原则。

　　君子丧所以取三年，何也？曰：君者，治辨之主也①，文理之原也，情貌之尽也，相率而致隆之，不亦可乎！《诗》曰："恺悌君子，民之父母②。"彼君子者，固有为民父母之说焉。父能生之，不能养之，母能食之③，不能教诲之，君者，已能食之矣，又善教诲之者也。三年毕矣哉！乳母，饮食之者也，而三月；慈母，衣被之者也，而九月；君，曲备之者也④，三年毕乎哉！得之则治，失之则乱，文之至也；得之则安，失之则危，情之至也。两至者俱积焉，以三年事之犹未足也，直无由进之耳⑤。故社⑥，祭社也；稷⑦，祭稷也；郊者⑧，并百王于上天而祭祀之也。

【注释】

①治辨：治理。

②"恺悌（kǎitì）君子"两句：此处引诗见《诗经·大雅·泂酌》。恺悌，和蔼可亲。

③食（sì）：喂养。

④曲备：各方面都具备。

⑤直：但，只是。

⑥社：土地神。

⑦稷：谷神。

⑧郊：祭祀天。郊祭是古代最隆重的祭祀制度，荀子的意思是说君主之恩，大于父母，所以祭祀君主可与祭天并重。

【译文】

君主的丧礼也是三年，这是为什么？答：君主，是治理国家的主宰，是礼法文理的根本，是忠诚恭敬的楷模，做人臣的，相率服丧三年以推重君主，不也是应当的吗！《诗经》上说："和蔼可亲的君子啊，是人民的父母。"君主，本来就有为民父母之说啊。父亲能给孩子生命，却不能喂养他，母亲能喂养孩子，却不能教诲他，君主是既能给他衣食，又善于教诲他的人，哀感之情，三年才可以完毕了啊！乳母是哺育孩子的人，还要服丧三月；慈母，是抚养孩子的人，还要服丧九月；而君主，养育与教诲，各方面都做到了，所以服丧三年才可以完毕啊！照这样做，国家就能治理好，不这样做，国家就会混乱，这是最完备的礼法；照这样做，国家就能安定，不这样做，国家就会危险，这是最充分的情感表达。最完备的礼法与最充分的情感都具备了，服丧三年还不觉得够，只是没有办法再增加了。所以社祭，只是祭祀土地神的；稷祭，只是祭祀谷神的，而郊祭，则是一起祭祀百王和天的。

三月之殡何也①？曰：大之也，重之也。所致隆也，所致亲也，将举措之，迁徙之，离宫室而归丘陵也，先王恐其不文也，是以纚其期②，足之日也。故天子七月，诸侯五月，大夫三月，皆使其须足以容事③，事足以容成，成足以容文，文足以容备，曲容备物之谓道矣。

【注释】

①殡：是殓后到埋葬前停丧的一段时间。

②繇：通"遥"。

③须：等待。

【译文】

停殡三个月，这是为什么呢？答：是为了表示重视其事，不敢草率的意思。心里最尊重的人，最亲爱的人，将要安置他，搬迁他，要将他从宫室搬走而安葬在丘陵里，先王担心礼数有所不够，所以延长殡的日期，使其时间充足。所以天子殡七月，诸侯五月，大夫三月，都是要有足够的时间准备各种丧葬事宜，将丧事办得完全达到礼的要求，各方面都达到完备，就符合丧礼的原则了。

祭者，志意思慕之情也。愅诡、唈僾而不能无时至焉①。故人之欢欣和合之时，则夫忠臣孝子亦愅诡而有所至矣。彼其所至者甚大动也，案屈然已②，则其于志意之情者惆然不嗛③，其于礼节者阙然不具④。故先王案为之立文，尊尊亲亲之义至矣。故曰：祭者，志意思慕之情也，忠信爱敬之至矣，礼节文貌之盛矣，苟非圣人，莫之能知也。圣人明知之，士君子安行之，官人以为守，百姓以成俗。其在君子，以为人道也；其在百姓，以为鬼事也。故钟鼓、管磬，琴瑟、竽笙，韶、夏、护、武、汋、桓、箾、象⑤，是君子之所以为愅诡其所喜乐之文也。齐衰、苴杖、居庐、食粥、席薪、枕块，是君子之所以为恈诡其所哀痛之文也。师旅有制，刑法有等，莫不称罪，是君子之所以为恈诡其所敦恶之文也⑥。卜筮视日、斋戒修涂、几筵、馈荐、告祝⑦，如或飨之。物取而皆祭之，如或尝之。毋利举爵⑧，主人有尊⑨，如或觞之。宾出，主人拜送，反易服，即位而哭，如或去之。哀夫！敬夫！事死如事生，事亡如事存，状乎无形影，然而成文。

【注释】

①恈（gé）：变。诡：异。喝傻（yìài）：抑郁不乐的样子。

②案：语气助词。屈然：空无所有的样子。屈，竭尽。

③惆然不嗛（qiè）：悲哀不愉快。

④阙然：缺少的样子，不完备的样子。

⑤韶：舜乐。夏：禹乐。濩：汤乐。武：周武王的乐。汋（zhuó）、桓：周代明堂祭祀武王的乐。箾（shuò）：周文王的舞曲名。象：周武王伐纣的乐曲。

⑥敦（duì）：通"憝"，怨恨。

⑦卜筮（shì）视日：占卜以择日。修涂：修饰，打扫。涂，通"除"。馈：指祭祀时进献牲畜。荐：祭祀时进献黍稷。告祝：祭礼的一种形式。祝，辅助祭祀的人。

⑧利：祭祀中劝食的人。

⑨有尊：即"侑尊"，指献酒。

【译文】

祭祀的目的，是为了表达人们对死者的思慕之情。死亡之变使人忧郁痛苦，这种情感会在意想不到的时候到来。所以在人欢乐、团聚的时候，那些忠臣孝子也会触景伤情而思念自己的君主和父母，并有所表现。当他有所感发的时候，情激于中，甚为感动，但因为没有祭祀的礼仪，内心感到空虚而没有东西可以表达，那么他内心积郁的情感就会变成怅然不快，会感到礼仪的缺乏。所以先王为他们制订祭祀礼仪，使尊敬君主、孝敬父母的礼仪都全备了。所以说：祭祀，是表达人们对死者思慕之情的方式，是忠信爱敬之德的极致，是礼节文饰的极盛，如果不是圣人，是不能理解其中的精义所在的。圣人明白其中的意思，士君子安心去实行它，祭祀之官则以之为职守，百姓则以之为习俗。对君子来说，这是治理人间的一种方式；对百姓来说，则认为是一种侍奉鬼神的活动。所以钟鼓、管磬、琴瑟、竽笙吹奏出的乐曲，韶、夏、濩、武、汋、桓、箾、象等乐舞，是君子表示他的喜乐情感变化的礼仪形式。穿麻衣、挂竹杖、居庐屋、喝稀粥、睡草席、枕土块，是君子表示他的悲痛情感变化的礼仪形式。师旅有军规，刑法有等级，都与其罪行相称，这是君子表示他的憎恶情感变化的礼仪形式。占卜选择日子，斋戒打扫房屋，在室中放设筵几，进献牲畜和黍稷，告祝，好像鬼神真的会歆享一样。各样东西都取一点来祭祀，好像鬼神真的会品尝一样。不要劝食的人代为敬酒，主人自己献酒，好像鬼神真的会喝酒一样；客人走了，主人拜送，回来后脱去祭服，换上丧服，入座而哭，如同亲人的神灵离去一样。悲哀啊！尊敬啊！侍奉死者如同侍奉生者，侍奉死亡的人如同侍奉活着的人，好像没有形状，然而都是合乎为人、治国的礼义的。

乐 论

　　这是一篇论礼乐关系及乐的社会作用的文章，部分收入《礼记·乐记》中。

　　先秦诸子中，墨子对于礼乐最为反对，有"非乐"、"节葬"等主张。荀子此文即从批判墨子出发，阐述了音乐对于维护统治的重要性。文章指出，音乐源自人心，能极尽情感之变化，乃"人情之所必不免"之物，具有"入人也深、化人也速"、"移风易俗"的效用。因此，音乐对于引导人民、治理国家具有重要的作用。他主张"贵礼乐而贱邪音"，以雅正之音陶冶人民，调整君臣上下、父子兄弟、乡里族长之间关系，使民和顺、国安宁。

　　此外，文章中提出"乐和同，礼别异"的观点，也是对礼和乐关系的精辟论述。

夫乐者①，乐也，人情之所必不免也，故人不能无乐。乐则必发于声音②，形于动静③，而人之道，声音、动静，性术之变尽是矣④。故人不能不乐，乐则不能无形，形而不为道⑤，则不能无乱。先王恶其乱也，故制雅、颂之声以道之⑥，使其声足以乐而不流⑦，使其文足以辨而不諰⑧，使其曲直、繁省、廉肉、节奏⑨，足以感动人之善心，使夫邪污之气无由得接焉。是先王立乐之方也⑩，而墨子非之，奈何！

【注释】

①乐（yuè）者：指音乐、歌舞。下一个"乐"字读作"快乐"之"乐"。

②声音：指嗟叹歌咏。

③动静：指手舞足蹈。

④性术之变尽是：意思是人的喜怒哀乐的情感在嗟叹歌咏、手舞足蹈中全部都表现出来了。性术之变，指思想感情的变化。尽是，尽于是。

⑤形：指动静歌舞。道：引导。

⑥雅、颂：《诗经》中的两类诗。古代诗都能入乐，所以这里指雅乐、颂乐。

⑦流：淫放。

⑧文：指乐曲的篇章。辨：辨明。这里指辨清乐曲的含义。諰（xǐ）：当作"偲"，邪。

⑨曲直：声音的曲折与平直。繁省：声音的复杂与简

单。廉肉：声音的单薄与丰满。

⑩方：原则，道。

【译文】

音乐，就是高兴，是人不可避免会有的情感。所以人不能没有音乐。高兴就一定会嗟叹歌咏，发抒于声音，手舞足蹈，表现于动作，而人之所以为人，就是因为在嗟叹歌咏、手舞足蹈中，喜怒哀乐的情感全部都表现出来了。所以人不可能没有快乐，有快乐就不能不有所表现，有所表现而不去引导，就会流于乱。先王憎恶这种乱，所以制作了雅、颂的音乐以引导它，目的是使其声音足以表达快乐，而不流于淫放，使其篇章足以耐人省味而不流于淫邪，使其音乐的曲折与平直、复杂与简单、单薄与丰满等节奏足以感发人的善心，让淫邪肮脏之气无法接触到。这是先王创造音乐的原则，墨子却表示反对，有什么道理呢！

故乐在宗庙之中，君臣上下同听之，则莫不和敬；闺门之内①，父子兄弟同听之，则莫不和亲；乡里族长之中，长少同听之，则莫不和顺。故乐者，审一以定和者也②，比物以饰节者也③，合奏以成文者也，足以率一道④，足以治万变。是先王立乐之术也，而墨子非之，奈何！

【注释】

①闺门：指家庭。

②审：审定。一：这里指中和之声。

③比：配。物：指各种乐器。饬：通"饬"，整饬，调整。

④一道：指君臣上下、父子兄弟、长少之间的"和
敬"、"和亲"、"和顺"等根本道理。

【译文】

所以在宗庙里，君臣上下一起听，那就没有不和睦相
敬的；在家庭中，父子兄弟一起听，那就没有不和睦相亲
的；在乡里族党中，老人年轻人一起听，那就没有不和睦
顺从的。所以，音乐就是要审定一个标准来确定调和之音，
然后配上各种乐器来调整节奏，一起合奏来构成和谐的音
乐，这样的音乐足以统率根本的道理，足以调整各种情感
的变化。这是先王创造音乐的原则，墨子却表示反对，有
什么道理呢！

故听其雅、颂之声，而志意得广焉①；执其干
戚②，习其俯仰屈伸③，而容貌得庄焉；行其缀兆④，
要其节奏⑤，而行列得正焉，进退得齐焉。故乐者，
出所以征诛也⑥，入所以揖让也⑦。征诛揖让，其义
一也。出所以征诛，则莫不听从；入所以揖让，则
莫不从服。故乐者，天下之大齐也⑧，中和之纪也⑨，
人情之所必不免也。是先王立乐之术也，而墨子非
之，奈何！

【注释】

①志意得广：心胸变得开阔。

②干戚：古代表演战争内容所用的舞具。这里指干戚

之舞。因为是威仪之舞，所以说"容貌得庄"。干，
盾牌。戚，斧头。

③俯仰屈伸：舞蹈的各种动作。

④缀兆：舞蹈排列的位置。缀指行列的位置，兆指行
列的地段。

⑤要：符合。

⑥征诛：征伐杀敌。

⑦揖让：礼让。

⑧大齐：指行动完全整齐统一。

⑨中和：指性情符合礼法的要求。纪：纲纪。

【译文】

所以听雅、颂之乐，思想情感会变得开阔；拿着干戚，
演习各种俯仰屈伸的动作，容貌就可以变得庄重；按着要
求的排列行走，随着音乐的节奏进退，那么行列就会规整，
进退就会整齐。所以，音乐用于出征，是用来鼓舞杀敌的
勇气，用于宗庙，是用来培养人们的礼让情感。无论是出
征还是宗庙，它们的意义是一样的。对外用于征伐，那天
下没有不听从指挥的；对内用于礼让，那天下没有不服从
统治的。所以音乐是统一天下人的重要东西，是和顺人性
情的纲要，是人情所不能没有的。这是先王创造音乐的原
则，墨子却表示反对，有什么道理呢！

　　且乐者，先王之所以饰喜也；军旅铁钺者①，
先王之所以饰怒也。先王喜怒皆得其齐焉②。是故
喜而天下和之，怒而暴乱畏之。先王之道，礼乐正

其盛者也，而墨子非之。故曰：墨子之于道也，犹瞽之于白黑也③，犹聋之于清浊也，犹欲之楚而北求之也。

【注释】

①铁钺（fǔyuè）：一种大斧，古代以此来刑杀。铁，同"斧"。

②齐：恰当，适宜。

③瞽（gǔ）：瞎子。

【译文】

而且音乐，是先王用来表达喜悦的；军旅刑杀的音乐，是先王用来表示愤怒的。先王的喜和怒都是恰当的。所以先王喜，天下人都附和他，先王怒，暴乱之人都会惧怕他。先王治国之道，以礼和乐最为重要，然而墨子却反对礼乐。所以说：墨子对于道，犹如瞎子不能分辨颜色的黑白，聋子不能分辨声音的清浊，犹如要去楚国却往北走一样。

夫声乐之入人也深，其化人也速，故先王谨为之文。乐中平则民和而不流，乐肃庄则民齐而不乱。民和齐则兵劲城固，敌国不敢婴也①。如是，则百姓莫不安其处，乐其乡，以至足其上矣。然后名声于是白②，光辉于是大，四海之民莫不愿得以为师。是王者之始也。乐姚冶以险③，则民流僈鄙贱矣④。流僈则乱，鄙贱则争。乱争则兵弱城犯⑤，敌国危之。如是，则百姓不安其处，不乐其乡，不足其上矣。故礼乐废而邪音起者，危削侮辱之本也。故先王贵礼乐而贱邪音。其在序官也⑥，曰："修宪命⑦，审诗商⑧，禁淫声，以时顺修，使夷俗邪音不敢乱雅⑨，太师之事也⑩。"

【注释】

①婴：侵犯。

②白：显赫。

③姚冶：妖艳，指音乐不正派。险：邪。

④流僈：放纵散漫。

⑤犯：似应作"脆"，脆弱。

⑥序官：叙述官的职责与权职，这里指《礼记·王制》中"序官"一段。

⑦宪命：法令文告。

⑧商：通"章"。

⑨夷俗邪音：指那些与雅乐不同的少数民族和民间的音乐。夷，古代对中原以外少数民族的蔑称。雅：正，这里指雅乐、正声。

⑩太师：乐官之长。

【译文】

音乐生于人心，感人的力量最深，改变人的情感也最快，所以先王非常谨慎地制定音乐。音乐中正平和，百姓就和睦而不至于淫放，音乐严肃庄重，百姓就整齐而不陷于纷乱。百姓和睦整齐，军队的力量就很强大，城墙牢固，敌国就不敢侵犯。如果做到这样，百姓没有不安居乐业，不尽心奉养君主的。然后名声会因此而显赫，光辉因此而广大，四海之民，没有不希望以他为君长的。这就是王政的开始了。音乐妖艳淫邪，人民就会放纵散漫，鄙陋低贱。放纵散漫就会混乱，鄙陋低贱则互相争夺。混乱争夺，军队的力量就很弱小，城墙脆弱，就会受到敌国威胁。如果像这样，百姓既不能安居乐业，也不会尽心奉养君主。所以礼乐荒废而邪音兴起是国家危险削弱受到侮辱的本源。所以先王推崇礼乐而轻视邪音。这些记载在《王制》里可以见到："修定法令文告，审查诗歌篇章，禁止淫邪之声，顺应时势的变化，随时修订诗篇乐章，使那些夷俗邪音不敢扰乱雅声，这是太师的职责。"

墨子曰："乐者，圣王之所非也，而儒者为之，过也。"君子以为不然。乐者，圣人之所乐也，而可以善民心，其感人深，其移风易俗易，故先王导之以礼乐而民和睦。夫民有好恶之情而无喜怒之应则乱。先王恶其乱也，故修其行，正其乐，而天下顺焉。故齐衰之服，哭泣之声，使人之心悲；带甲婴䩠①，歌于行伍，使人之心伤②；姚冶之容，郑、卫之音③，使人之心淫；绅、端、章甫④，舞韶歌武⑤，使人之心庄。故君子耳不听淫声，目不视女色，口不出恶言，此三者，君子慎之。凡奸声感人而逆气应之⑥，逆气成象而乱生焉⑦；正声感人而顺气应之，顺气成象而治生焉。唱和有应，善恶相象⑧，故君子慎其所去就也。

【注释】

①婴：戴。轴（zhòu）：同"胄"，头盔。

②伤：当作"扬"，发扬，振作。

③郑、卫之音：指春秋时郑、卫两国的新乐。常用来指代轻佻的音乐。

④绅：古代贵族束在腰间的大带子。端：礼服名。章甫：礼帽。

⑤韶：相传是古代禹舜时代的一种乐曲。武：相传是周武王时的一种乐曲。

⑥逆气：指不合正道的邪逆之气。

⑦成象：指形于歌舞。

⑧相象：这里也是相对应的意思。

【译文】

墨子说："音乐，是圣王所反对的，而儒者却去提倡它，这是错误的。"君子认为这话说得不对。音乐，是圣人所喜欢的，它可以改善人心，它的声音感人至深，容易移风易俗，所以先王用礼乐来引导百姓而使其和睦。百姓内有好恶的情感而外无表达喜怒的东西和它相应，那就要乱了。先王憎恶这种混乱，所以要修养德行，订正音乐，这样天下就和顺了。所以穿上丧服，听到哭泣的声音，会使人心生悲哀；穿上盔甲，听到队伍中的歌声，会使人心情振奋；妖艳的容貌，郑、卫的音乐，会使人生出放荡的情思；束上大带，穿上礼服，戴上礼帽，跳着韶舞，唱着武乐，会使人心情庄重。所以君子不听淫荡的声音，不看女色，不说恶言。这三点，君子一定要很慎重。而奸邪的声音感动人心，邪逆之气就会相应，相应而形于歌舞，那么悖乱就出现了。合于正道的音乐感动人心，驯顺之气就会相应，相应而形于歌舞，那么国家就会得到治理了。有唱的就一定会有和的，善唱则有善和，恶唱则有恶和，所以君子对于音乐的选择要特别谨慎。

君子以钟鼓道志①，以琴瑟乐心，动以干戚，饰以羽旄②，从以磬管。故其清明象天③，其广大象地，其俯仰周旋有似于四时。故乐行而志清，礼修而行成，耳目聪明，血气和平，移风易俗，天下皆宁，美善相乐。故曰：乐者，乐也。君子乐得其道，小人乐得其欲。以道制欲，则乐而不乱；以欲忘道，则惑而不乐。故乐者，所以道乐也，金石丝竹④，所以道德也。乐行而民乡方矣⑤。故乐者，治人之盛者也，而墨子非之。

【注释】

①道：引导。

②羽：野鸡毛。旄（máo）：牦牛尾。两者都是古代舞蹈中的用具。

③清明：清脆，明朗，指人声。

④金石丝竹：各种乐器。这里指演奏出的音乐。

⑤乡：通"向"。方：这里指正确的方向。

【译文】

君子用钟鼓之乐来引导自己的志意，用琴瑟之音来愉

悦心情，跳舞时手里拿着盾、斧，饰以羽毛、牛尾，伴随
着磬管奏出的音乐。其人声清脆明朗如天，钟鼓之声深沉
广远如地，舞者之俯仰旋转好像四季的轮转变化。所以音
乐得到推行，人们的志向就纯洁，礼仪完备，人们的道德
就能养成，耳目聪明，血气和平，就能移风易俗，天下太
平，使美和善相得益彰。所以说：音乐，就是快乐的表现。
君子喜欢音乐是为了提高道德修养，小人喜欢音乐是为了
满足个人欲望。用道来控制欲望，就会喜乐而不悖乱；欲
望过分而忘记了道，就会迷惑而不快乐。所以，音乐是用
来引导快乐的，金石丝竹之声，是用来引导道德的。音乐
得到推行人们就会朝着正确的方向走。音乐，是治理百姓
最好的东西，但墨子却反对它。

　　且乐也者，和之不可变者也；礼也者，理之不
可易者也。乐合同，礼别异。礼乐之统①，管乎人
心矣。穷本极变②，乐之情也；著诚去伪③，礼之
经也。墨子非之，几遇刑也④。明王已没⑤，莫之正
也。愚者学之，危其身也。君子明乐，乃其德也。
乱世恶善，不此听也⑥。於乎哀哉⑦！不得成也。弟
子勉学，无所营也⑧。

【注释】

①统：总体，总括。

②本：人心。变：指哀乐之变。

③著：深入。伪：虚伪。

④几遇刑也：接近于触犯刑罚。

⑤没：通“殁”，死。

⑥此：指君子明乐。

⑦於乎：呜呼，感叹词。

⑧营：迷惑。

【译文】

乐，是和谐人心的根本；礼，是区分上下等级的原则。音乐使人心达到和谐，礼使人们区分上下等级。礼乐的关键，是能约束人心。源于人心，极尽情感之变化，是乐的本质；表达诚心，去掉虚伪，是礼的原则。墨子反对礼乐，是接近于犯罪了。明智的君主已经没有了，也没有人去纠正墨子“非乐”的错误了。愚蠢的人照着墨子的主张去做，就会危害自己。君子提倡乐教，是他自守道德的表现。乱世之人厌恶好的品德，不听君子的善言。呜呼哀哉！音乐不能充分发挥作用啊！弟子们要好好学习，不要被邪说迷惑了！

声乐之象：鼓大丽①，钟统实②，磬廉制③，竽笙肃和④，筦籥发猛⑤，埙篪翁博⑥，瑟易良⑦，琴妇好⑧，歌清尽，舞意天道兼⑨。鼓，其乐之君邪！故鼓似天，钟似地，磬似水，竽笙、筦籥似星辰日月，鞉、柷、拊、鞷、椌、楬似万物⑩。曷以知舞之意？曰：目不自见，耳不自闻也，然而治俯仰、诎信、进退、迟速莫不廉制⑪，尽筋骨之力以要钟鼓俯会之节⑫，而靡有悖逆者，众积意謘謘乎⑬！

【注释】

①丽：通"厉"，形容声音高亢。

②统：一说为"充"，充实。

③廉：有棱角，引申为声音清晰。制：有节制。这里引申为有节奏。磬是明亲疏贵贱长幼之节的，所以说"有制"。

④肃和：整齐和谐。原作"箫和"，据文义改。

⑤筦（guǎn）、籥（yuè）：均为古代编管乐器。发：猛。

⑥埙（xūn）：陶土制的吹乐器。篪（chí）：单管横吹乐器。翁博：低沉博大。

⑦易良：声音平和。

⑧妇好：声音柔婉。

⑨天道兼：把天道的内容都包括了。天有尊卑大小之别，俯仰屈伸快慢之节，舞意能尽情表达，故云。

⑩鞉（táo）、柷（zhù）、拊（fǔ）、鞷（gé）、椌（qiāng）、楬（qià）：都是古代打击乐。

⑪诎信：屈伸。

⑫要：应合。

⑬众积意謘謘（chí）乎：意思是说仿佛被人谆谆教导过一样。謘謘，谆谆。

【译文】

声乐之形于歌舞：鼓声大而高，钟声洪亮而雄厚，磬声清晰而有节奏，竽、笙整齐和谐，筦、籥振奋激昂，埙、篪低沉宽广，瑟声安宁平和，琴声柔和婉转，歌声清晰而曲尽其情，舞蹈能表达自然界的万事万物。鼓，是乐中的君子啊！所以鼓像天，钟似地，磬似水，竽、笙、筦、籥像星辰日月，鞉、柷、拊、鞷、椌、楬则似世间万物。怎么知道舞蹈的含义呢？答：舞者眼睛看不到自己，耳朵听不到自己，然而载歌载舞，其俯仰屈伸快慢节奏，都是清楚而有规矩的，用尽筋骨的力量应合钟鼓的节奏，而没有悖乱不合的，聚集了各种乐器的声音，而能合于节奏，就好像有人谆谆教导过一样啊！

　　吾观于乡^①，而知王道之易易也^②。主人亲速宾及介而众宾皆从之^③。至于门外，主人拜宾及介，而众宾皆入；贵贱之义别矣。三揖至于阶，三让以宾升。拜至献酬^④，辞让之节繁。及介省矣。至于众宾，升受、坐祭、立饮^⑤，不酢而降^⑥。隆杀之义辨矣。工入，升歌三终^⑦，主人献之；笙入三终^⑧，主人献之；间歌三终^⑨，合乐三终，工告乐备^⑩，遂出。二人扬觯^⑪，乃立司正^⑫，焉知其能和乐而不流也。宾酬主人，主人酬介，介酬众宾，少长以齿^⑬，终于沃洗者^⑭，焉知其能弟长而无遗也。降，说屦^⑮，升坐，修爵无数^⑯。饮酒之节，朝不废朝，莫不废夕^⑰。宾出，主人拜送，节文终遂，焉知其能安燕而不乱也^⑱。贵贱明，隆杀辨，和乐而不流，弟长而无遗，安燕而不乱；此五行者，足以正身安国矣。彼国安而天下安。故曰：吾观于乡，而知王道之易易也。

【注释】

①乡：指乡人饮酒的礼仪。

②易易：非常容易。以下这段文字《礼记》中也有，上有"孔子曰"三字。

③主人：指诸侯之乡大夫。速：召，指到贤能之家亲自迎接。介：指中等地位的宾客。古代诸侯之乡大夫，三年大比，献贤能于其君，与贤能饮酒，即乡饮酒礼。贤者为"宾"，其次为"介"，又其次为"众介"。介，是宾的主要陪同，其他陪客为众宾。

④拜至：对来的宾客进行礼拜。献酬：主人拿酒献宾，宾用酒回敬，主人又自酌自饮以答谢宾。

⑤升受：升堂、受酒。坐祭：坐着祭酒。

⑥不酢（zuò）：客人不用酒回敬主人。

⑦升歌：升到堂上演奏歌曲。终：演奏、歌唱一篇诗为一终。

⑧笙入三终：吹笙的人进入堂下，奏乐三曲。

⑨间歌三终：堂上乐工先歌唱一曲，然后堂下吹笙的人吹奏一曲，这叫做"间歌"，这样演奏三遍叫"三终"。

⑩工告乐备：乐工报告乐已完毕。

⑪二人扬觯（zhì）：主人的两个侍从举杯向宾和介敬酒。觯，酒杯。

⑫司正：专门负责监礼的人。

⑬齿：年龄。

⑭沃洗者：洗酒器的人。

⑮说：通"脱"。屦（jù）：鞋。

⑯修：行。爵：酒杯。

⑰莫：同"暮"。

⑱安燕：安然。

【译文】

孔子说，我看了乡饮酒礼，就知道王道是很容易实行的。主人到贤者家里亲自迎接宾和介，其他陪同的众宾都跟着。到了主人门外，主人拜宾和介，陪同的众宾则不需拜迎就进入房子；这样贵贱的不同就通过礼节仪式区分开了。然后，经过三次揖让，宾客才登上台阶，再经过三次揖让，宾客才登上厅堂。之后行跪拜礼，互相献酒，这些谦让的礼节是十分繁多的。对介的礼节就要省略得多。至于众宾，则先登堂接受主人的献酒，然后坐着祭酒，站着喝酒，不用回敬主人酒就可以退下。这样礼仪是隆重还是简略就可以分辨得很清楚了。乐工走进来，升到堂上演奏三曲，主人向他们献酒；吹笙的人进入堂下演奏三曲，主人向他们献酒；然后堂上乐工先歌唱一遍，堂下吹笙的吹奏一遍，这样反复三次，唱歌吹笙的再一起合奏三曲，最后由乐工宣布乡饮酒礼的音乐吹奏完了，于是退了出去。然后由主人的两个侍从举酒杯向众人敬酒；还设立一个专门负责监礼的人，由此可知整个过程都能做到和乐而不放荡。宾回敬主人，主人答谢主宾，主宾酬谢众宾，按照年龄的大小为序，最后酬谢洗酒器的人，从中可以看到人们都能够尊敬长者，而且不遗漏一个人。下堂脱鞋，然后升堂就坐，互相不断地敬酒。饮酒的礼节，早上饮酒，不会影响早上要做的事，晚上饮酒，不会影响晚上要做的事。

宾客走了，主人要拜送，这样礼节仪式就完成了，从中可以看到人们在饮酒时也安然不过分，都能遵守礼节制度。贵贱分明、隆杀清楚、和乐而不放荡、尊敬长者而无遗漏、饮酒时也安然不过分；这五种品行，足以端正个人的品行和安定国家了。国家安定了天下也就安定了。所以说：我看了乡饮酒礼，就知道王道是很容易实行的。

乱世之征①：其服组②，其容妇③。其俗淫，其志利，其行杂④，其声乐险，其文章匿而采⑤。其养生无度，其送死瘠墨⑥，贱礼义而贵勇力，贫则为盗，富则为贼；治世反是也。

【注释】

①征：特征。

②服组：服装华丽。组，丝织有花纹的宽带。

③容妇：男人模仿妇女的打扮，指妖里妖气的打扮。

④杂：污，行为恶劣。

⑤匿：同"慝（tè）"，邪恶。

⑥瘠：菲薄。墨：指墨子的节葬思想。

【译文】

乱世的特征：男人穿着华丽的服装，打扮得好像女人。风俗淫荡，一心好利，行为污杂，其音乐邪僻不正，而内容则邪恶而华丽。乱世之人生活腐烂没有节制，送死的礼节又很刻薄，蔑视礼义而崇尚武力，穷则为盗，富则为贼；治世则与之相反。

解　蔽

　　此篇主旨在谈"蔽"之害处及解蔽的方法。

　　荀子认为，古往今来，人们最容易犯的错误就是主观武断，这个错误的产生是由人认识上的片面性，即所谓"蔽于一曲"造成的。因此，要想对事物有全面的认识，就必须要"解蔽"，解蔽的方法就是通过心去了解"道"，心要了解"道"，就要做到"虚壹而静"，即虚心、专一、宁静三德，只有具备这三德，才能进入大清明的境界，成为不为任何事物所蔽的"圣人"、"至人"。如此，就可以治理天地而利用万物，掌握自然和社会的全面道理而使整个宇宙得到治理。

　　文章对春秋战国之际诸子百家之"蔽"进行了批评，而其批评的标准，当然也是基于其学说基础的礼法思想。

凡人之患，蔽于一曲而暗于大理①。治则复经②，两则疑惑矣。天下无二道，圣人无两心。今诸侯异政，百家异说，则必或是或非，或治或乱。乱国之君，乱家之人，此其诚心莫不求正而以自为也，妒缪于道而人诱其所迨也③。私其所积④，唯恐闻其恶也；倚其所私，以观异术，唯恐闻其美也。是以与治离走而是己不辍也，岂不蔽于一曲而失正求也哉！心不使焉，则白黑在前而目不见，雷鼓在侧而耳不闻，况于使者乎！德道之人⑤，乱国之君非之上，乱家之人非之下，岂不哀哉！

【注释】

①蔽：这里指认识上的局限性。曲：局部，片面。暗：不清楚。大理：大道，全面正确的道理。

②治：谓治其蔽。经：正道，常道，即"大理"。

③妒缪：背离。意思是心有偏好，不免党同妒异也。缪，乖误。所迨：所近。如性近于俭，则会诱于墨子，性近于辩论，则会诱于惠施。

④私：偏爱。积：素习，指自己平时所掌握的知识。

⑤德道：得道。德，通"得"。

【译文】

大凡人的通病，是被片面的认识所局限，而不明白全面正确的道理。纠正了片面的认识，才能使认识符合正道，对正道三心二意则必然产生疑惑。天下没有两个道，圣人没有两种思想。现今各诸侯国所实行的政治措施不同，各个学派所持的学说也不一样，那么必然有的对有的错，有的导致国家安定，有的导致国家混乱。造成国家混乱的君主，持片面观点的学者，他们的本意没有不想求正道而有所作为的，但是因为他们偏离了正道，别人就会以其所好来引诱他们。偏爱自己的学说，唯恐别人说其不好；依据自己的偏见，去看不同的学说，唯恐别人说其好。这就是背道而驰，还自以为是，不知改正，这岂不是要被片面的见识蒙蔽，而失去追求正道的本意吗！心不在焉，那么白黑在眼前也会看不见，雷鼓在旁也会听不到，更何况心有所蔽的人！获得正道的人，乱国之君在上面责难他，蔽于一曲的各派学者在下面指责他，这难道不是很可悲的吗！

　　故为蔽①：欲为蔽，恶为蔽②，始为蔽，终为蔽，远为蔽，近为蔽，博为蔽，浅为蔽，古为蔽，今为蔽。凡万物异则莫不相为蔽，此心术之公患也③。

【注释】

①故：犹"胡"，表示问句。

②恶：憎恨，讨厌。

③心术：思想方法。

【译文】

　　蔽是怎么造成的呢？心之所好能成为蔽，心之所恶能成为蔽，只看到起始能成为蔽，只看到终结能成为蔽，只看到远处能成为蔽，只看到近处能成为蔽，博学能成为蔽，浅薄能成为蔽，泥古不化是蔽，知今不知古也是蔽。世界上的事物都有差异，有差异就会互相形成蔽塞，这是人思想方法上的通病。

昔人君之蔽者，夏桀、殷纣是也。桀蔽于末喜、斯观①，而不知关龙逢②，以惑其心而乱其行；纣蔽于妲己、飞廉③，而不知微子启④，以惑其心而乱其行。故群臣去忠而事私，百姓怨非而不用⑤，贤良退处而隐逃，此其所以丧九牧之地而虚宗庙之国也⑥。桀死于鬲山⑦，纣县于赤旆⑧，身不先知，人又莫之谏，此蔽塞之祸也。成汤监于夏桀⑨，故主其心而慎治之⑩，是以能长用伊尹而身不失道⑪，此其所以代夏王而受九有也。文王监于殷纣⑫，故主其心而慎治之，是以能长用吕望而身不失道⑬，此其所以代殷王而受九牧也。远方莫不致其珍，故目视备色，耳听备声，口食备味，形居备宫，名受备号，生则天下歌，死则四海哭，夫是之谓至盛。《诗》曰："凤凰秋秋，其翼若干，其声若箫。有凤有凰，乐帝之心⑭。"此不蔽之福也。

【注释】

①末喜：即"妹喜"，夏桀的妃子。斯观：人名，当是夏桀的臣子，其事无考。

②关龙逢：桀之贤臣。桀为酒池肉林，关龙逢进谏，立而不去，因此被杀。

③妲己：殷纣的妃子。飞廉：纣之佞臣。

④微子启：殷纣王的庶兄启。纣王荒淫无道，微子启
　谏而不听，于是远走隐居。

⑤怨非：怨恨咒骂。非，通"诽"。不用：不愿为君
　主效力。

⑥九牧：九州，指全国。虚：同"墟"，灭而为废墟。
　宗庙：古代天子和诸侯祭祀祖先的地方，象征着国
　家政权。

⑦鬲山：即历山，在今安徽，传说桀死于此。

⑧县：同"悬"。赤旆（pèi）：红色的旗子。传说周
　武王斩殷纣王，并将他的头挂在旗杆上示众。

⑨成汤：商汤王，商代第一个君王。监：通"鉴"，借鉴。

⑩主：掌握。

⑪伊尹：商汤的宰相，曾辅助商汤灭夏兴商。

⑫文王：周文王。

⑬吕望：即姜尚、姜太公，西周初著名政治家，曾辅
　佐文王、武王建立周朝。

⑭"凤凰秋秋"五句：此处引诗失传。秋秋，同"跄
　跄"，指凤凰起舞的样子。干，盾牌。

【译文】

　　过去人君之有所蔽塞的，就是夏桀、殷纣。桀被妹
喜、斯观这样的佞人所蒙蔽，而不知道关龙逢之忠直，所
以导致思想迷惑和行为昏乱；纣被妲己、飞廉这样的佞人
所蒙蔽，而不知微子启之贤，所以导致思想迷惑和行为昏
乱。结果群臣皆不肯尽忠为国，而务营私。百姓怨恨咒
骂，而不为国效力，贤良都退出朝廷，隐居逃避，这就是

他所以丧失了九州土地，丢掉了国家政权的原因。桀身死于历山，纣悬头于赤斾，他们自己不能预先知道，他人又不肯进谏，这就是蔽塞的祸患了。成汤以夏桀之败为鉴，能保持清醒的头脑，小心谨慎地治理国家，所以能够长期重用伊尹，而自己不脱离正道，这就是他能够代替夏王而统治天下的原因。周文王以殷纣之败为鉴，能保持清醒的头脑，小心谨慎地治理国家，所以能够长期重用吕望，而自己不脱离正道，这就是他能够代替殷王而统治天下的原因。统治了天下，远方之国莫不进贡其珍宝物品，使得眼睛能够看到各种美丽的色彩，耳朵能够听到各种动人的音乐，嘴里能够吃到各种美味佳肴，身体能够住尽各种华丽的宫殿，名字能够享受到各种美好的赞誉，活着的时候天下人都歌颂，死的时候天下人都号哭，这才可以说是天下之至盛啊。《诗经》上说："凤凰翩然起舞，它的翅膀好比盾牌一样威武雄壮，它那悠扬的叫声好像箫音一般和谐动人，有凤啊又有凰，使得帝王乐开怀！"这就是不被壅蔽的福气了。

昔人臣之蔽者，唐鞅、奚齐是也[①]。唐鞅蔽于欲权而逐载子[②]，奚齐蔽于欲国而罪申生[③]，唐鞅戮于宋，奚齐戮于晋。逐贤相而罪孝兄，身为刑戮，然而不知，此蔽塞之祸也。故以贪鄙、背叛、争权而不危辱灭亡者，自古及今，未尝有之也。鲍叔、宁戚、隰朋仁知且不蔽[④]，故能持管仲而名利福禄与管仲齐[⑤]；召公、吕望仁知且不蔽[⑥]，故能持周公而名利福禄与周公齐⑦。传曰："知贤之为明，辅贤之谓能，勉之强之，其福必长。"此之谓也。此不蔽之福也。

【注释】

①唐鞅：战国时宋康王的佞臣，后被康王所杀。奚齐：春秋时晋献公的宠妃骊姬的儿子。

②欲权：贪图权位。载：当作"戴"，指宋太宰戴谨，被唐鞅驱逐到齐国。

③申生：战国时期晋献公的太子，奚齐的异母兄长。骊姬为使奚齐得继王位，常在晋献公面前进谗言，致使晋献公杀死申生，立奚齐为太子。

④鲍叔、宁戚、隰（xí）朋：都是齐桓公的大臣。

⑤持：支持，帮助。管仲：齐桓公的相，曾辅助齐桓公改革、称霸。

⑥召公：姓姬，名奭（shì），周武王的异母兄弟。

⑦周公：周公旦，周文王的儿子，周武王的弟弟，曾帮助武王伐纣，武王死后，又辅佐成王执政。

【译文】

过去人臣有所蔽塞的，有宋国的唐鞅、晋国的奚齐。唐鞅蔽塞于权力欲而驱走了戴谨，奚齐蔽塞于得到国家的欲望而加罪于申生，唐鞅最终被杀于宋国，奚齐也在晋国被戮。一个驱逐贤相，一个加罪于孝敬的兄长，自身遭到杀戮，却不知道是什么原因，这就是受壅蔽造成的灾祸。所以，以贪婪卑鄙、背叛的手段争夺到权力而不危险、不受辱、不灭亡的，从古到今，还没有过。鲍叔、宁戚、隰朋仁爱而有智慧，不蔽于一曲，所以能扶助管仲，而名誉利益福禄也与管仲相等。召公、吕望仁爱而有智慧，不蔽于一曲，所以能扶助周公，而名誉利益福禄也与周公相等。古书上说："能够识别贤良的叫做明，能够辅助贤良的叫做能，在这方面勤奋努力，他的幸福一定长久。"说的就是这个意思。这就是不被蒙蔽的福气。

昔宾孟之蔽者①，乱家是也。墨子蔽于用而不知文②，宋子蔽于欲而不知得③，慎子蔽于法而不知贤④，申子蔽于势而不知知⑤，惠子蔽于辞而不知实⑥，庄子蔽于天而不知人⑦。故由用谓之道，尽利矣；由欲谓之道，尽嗛矣⑧；由法谓之道，尽数矣⑨；由势谓之道，尽便矣⑩；由辞谓之道，尽论矣；由天谓之道，尽因矣⑪：此数具者，皆道之一隅也⑫。夫道者，体常而尽变，一隅不足以举之。曲知之人⑬，观于道之一隅而未之能识也，故以为足而饰之，内以自乱，外以惑人，上以蔽下，下以蔽上，此蔽塞之祸也。

【注释】

①宾孟：即宾萌，战国时期称往来于各诸侯国之间的游说之士为"宾孟"，即下文提到的墨子、宋子、慎子等人。

②墨子蔽于用而不知文：墨子崇尚实用，认为古代礼

乐"饥不可食"、"寒不可衣",乃无用之物。所以荀子批评他"蔽于用而不知文"。文,即古代之礼乐典章制度。

③宋子:宋钘,战国宋国人。宋子认为人天生的欲望是很少的,很容易得到满足,而对于人之贪欲一面较少了解,所以荀子批评他"蔽于欲而不知得"。欲:欲望。得:贪得。

④慎子:慎到。慎子本黄、老,归刑名,注重法治,认为只要有法,即使没有贤人国家也可以得到治理,所以主张不贵贤、不使能。所以荀子批评他"慎子蔽于法而不知贤"。

⑤申子:申不害。其说同慎到相近,也主张以刑法、势术驭下,不尚贤。所以荀子批评他"蔽于势而不知知"。知:同"智"。

⑥惠子:惠施,战国名家,善辩,注重逻辑推理。辞:这里指逻辑命题、概念游戏。

⑦庄子:庄周,战国道家代表人物。道家论道,以为道法自然,任天而不任人。所以荀子批评他"蔽于天而不知人"。天:自然。

⑧嗛(qiè):同"慊",满足,快意。

⑨数:法律条文。

⑩便:便利,方便。

⑪因:顺从。这里指听天由命。

⑫一隅:一角,一个方面。

⑬曲知:认识片面。

【译文】

从前游说之士有所蔽塞的，就是那些杂学乱派的人。墨子只知道实用，而不懂得礼乐的作用，宋子只看到人寡欲的一面，而不知道人的贪得之心，慎子只看到法的作用，而不明白任用贤良的重要，申子只知道运用权势，而不知道任用智慧之人的重要，惠子只知道玩弄概念，而不知道事物的实际，庄子只知道顺应自然，而看不到人的力量。所以，把实用称为道，那么人追求的全都是利益了；把欲望称为道，人们追求的全都是快意了；从法的角度来讲道，那就只有法律条文了；从术势的角度来讲道，道就全成了方便自己的东西了；从辞说的角度来谈道，道就全变成了诡辩了；从顺其自然的角度来讲道，那么人们就会变成听天由命者了：以上这几条，都是道的一角。所谓道，它本身是不变的，但却能穷尽一切事物的变化，一隅是不能概括这些变化的。只知道局部的人，只看到道的一个方面而不能认识道的全部，所以把片面的认识当作全面的认识来炫耀。对内扰乱了自身，对外迷惑了别人，在上的就蔽塞了下面的人，在下的就蔽塞了上面的人，这就是蔽之灾祸。

孔子仁知且不蔽，故学乱术足以为先王者也①。一家得周道②，举而用之，不蔽于成积也③。故德与周公齐，名与三王并④，此不蔽之福也。

【注释】

①乱术：治术，治理国家的方法。

②一家：指孔子。周：全面，与"曲"对文。

③成积：已有的知识。

④三王：三代之王，指夏禹、商汤、周文王、周武王。

【译文】

孔子仁爱智慧而且无所蔽，所以他的学术和治理天下之道，足以与先王媲美。孔子得到道的全体，按照它去做，就不会蔽于平时所积累的成见。所以道德与周公齐名，声望与三王共存，这就是不蔽的福气了。

圣人知心术之患，见蔽塞之祸，故无欲无恶，无始无终，无近无远，无博无浅，无古无今，兼陈万物而中县衡焉①。是故众异不得相蔽以乱其伦也②。

【注释】

①中：中间。县：同"悬"。衡：秤，标准。

②伦：次序。

【译文】

圣人知道思想方法偏颇的坏处，看到了蔽塞的祸害，所以不特别喜好一样东西，也不特别憎恶一样东西，不过分强调开始，也不过分强调结局，不偏重近，也不偏重远，不过分博大，也不过分浅近，不泥古，也不薄今。把各种不同的事物都排列出来，在中间建立一个正确的标准。因此各种事物的差异就不会造成认识上的片面和局限，以至搞乱事物的本身秩序。

何谓衡？曰：道。故心不可以不知道。心不知道，则不可道而可非道^①。人孰欲得恣而守其所不可^②，以禁其所可？以其不可道之心取人，则必合于不道人，而不合于道人。以其不可道之心与不道人论道人，乱之本也。夫何以知^③？曰：心知道，然后可道；可道，然后能守道以禁非道。以其可道之心，取人，则合于道人，而不合于不道之人矣。以其可道之心，与道人论非道，治之要也。何患不知？故治之要在于知道。

【注释】

①可：肯定，认同。

②恣：放纵，无拘束。

③知：同"智"，智慧。

【译文】

什么是标准？答：就是道。心不能不了解道。心不了解道，就会不认同正确的道而认同错误的道。如果能够随心所欲，人谁愿意守着自己不愿意做的事，而不去做自己愿意做的事？用不合于道的心去选择人才，那一定会选择不守道的人，而不选择守道的人。用不合道的心和不守道的人去论守道之人，这是祸乱的根源。怎样才能有智慧？答：心要了解道，才能赞同道；赞同道，才能坚守道而不做不合于道的事。用合于道的心选取人才，那一定会选择有道之人，而不选择不守道的人。用肯定道的心和守道的人去议论不守道的人，这是治理国家的关键。这样的话还怕没有智慧吗？所以道之关键在于了解道。

　　人何以知道？曰：心。心何以知？曰：虚壹而静①。心未尝不臧也②，然而有所谓虚；心未尝不两也③，然而有所谓一；心未尝不动也，然而有所谓静。人生而有知，知而有志。志也者，臧也，然而有所谓虚，不以所已臧害所将受谓之虚。心生而有知，知而有异，异也者，同时兼知之。同时兼知之，两也，然而有所谓一，不以夫一害此一谓之壹。心，卧则梦，偷则自行④，使之则谋。故心未尝不动也，然而有所谓静，不以梦剧乱知谓之静⑤。未得道而求道者，谓之虚壹而静。作之，则将须道者虚则入⑥，将事道者之壹则尽，将思道者静则察。知道察，知道行，体道者也。虚壹而静，谓之大清明。万物莫形而不见，莫见而不论⑦，莫论而失位。坐于室而见四海，处于今而论久远。疏观万物而知其情，参稽治乱而通其度⑧，经纬天地而材官万物⑨，制割大理⑩，而宇宙理矣。恢恢广广⑪，孰知其极！辜辜广广⑫，孰知其德！涫涫纷纷⑬，孰知其形！明参日月，大满八极，夫是之谓大人。夫恶有蔽矣哉！

【注释】

①虚：虚心。壹：专心一致。

②臧：通“藏”，贮藏。这里指记忆。

③两：同时认识不同的事物。

④偷：松懈。自行：放纵。

⑤剧：烦乱。

⑥须：求。入：接受。原作"人"，根据上下文义改。又"虚"之上原有"之"字，根据上下文义删。

⑦论：通"伦"，伦理，指次序。

⑧参稽：检验，考察。参，验。稽，考。度：界线。

⑨经纬：治理，安排。材官：管理，利用。材，意思是使事物得到合适的使用。官，意思是任之各合其用。

⑩制割：掌握。

⑪恢恢：宽广。广广：通"旷旷"，深远的样子。

⑫睪睪（hào）：广大的样子。

⑬涫涫（guàn）：水沸腾的样子。纷纷：杂乱的样子。

【译文】

那么，人怎样才能了解"道"？答：用心。心怎么能了解道呢？答：靠虚心、专一、平静。心里不是没有记忆，然而有所谓虚心。心里不是没有装两样事的时候，然而有所谓专一。心里不是没有动的时候，然而有所谓静。人天生就有认识能力，有认识能力就有记忆。有记忆就是贮藏，然而也有所谓虚，所谓虚，就是不因为已经获得的去妨碍将要接受的。心天生有认识能力，有认识就会有差异，差异就是同时知道很多不同事物。同时知道很多不同事物，就是两，然而有所谓一，不因对这一事物的认识而妨碍对另一事物的认识叫作一。人心最为微妙，睡觉就会做梦，松懈就会胡思乱想，用它就会思考。所以心未必不动，然而有所谓静，不因为梦之杂乱而干扰心智就叫静。对于不认识道而求道的人，就告诉他虚、壹、静三德。心这样动作的话，那么想要求道的人，能虚就可以接受道；想要致力于道的人，能专一就能全面认识道；想要研究道的人，能静就可以明察道。认识道而又理解得十分清楚，认识道又能照着去做，这才是身体力行于道的人。虚心、专一，安静，才能达到认识上极其透彻、没有遮蔽的境界。进入这种境界，世界万物没有不显现出来的，显现出来的都能加以归类、排列次序，能排列次序的都会让其各得其位。进入这种境界，就可以坐在室内而认识天下，处于今世而论述往古，通观万物而知其真实，考察社会的兴衰而通晓其间的界限。治理天地而利用万物，掌握自然和社会的全面道理而使整个宇宙得到治理。宽广深远啊，谁能看到它的边际！广大深奥啊，谁能了解它的品德！纷纷繁繁啊，谁能知道它的形象！它的光辉可与日月相并，它的广大充满整个宇宙，进入这种境界的人就叫做"大人"。这样的境界，这样的人，哪里还会有遮蔽呢？

　　心者，形之君也，而神明之主也①，出令而无所受令。自禁也，自使也，自夺也，自取也，自行也，自止也。故口可劫而使墨云②，形可劫而使诎申③，心不可劫而使易意，是之则受，非之则辞。故曰：心容其择也④，无禁必自见，其物也杂博，其情之至也不贰⑤。《诗》云："采采卷耳，不盈倾筐。

嗟我怀人，置彼周行⑥。"倾筐易满也，卷耳易得也，然而不可以贰周行。故曰：心枝则无知⑦，倾则不精，贰则疑惑。壹于道以赞稽之⑧，万物可兼知也。身尽其故则美⑨，类不可两也，故知者择一而壹焉。

【注释】

①神明：精神，天赋的智慧。

②劫：胁迫。墨：通"默"。云：言。

③诎申：屈伸。诎，同"屈"。

④心容：心灵之状态。

⑤情：精神，思想。贰：旁骛，三心二意。

⑥"采采卷耳"四句：此处引诗见《诗经·周南·卷耳》。卷耳，苓耳，一种可食用的植物。倾筐，畚箕之类的容器，用草绳或竹篾编成。怀人，思念人。周行，大路。

⑦枝：分散。指思想分散。

⑧壹于道：原文无此三字，根据文义增。赞：助。稽：考察，验证。

⑨故：理，即所以然之理。

【译文】

心，是身体的支配者，精神的主宰者，是发出命令而不是接受命令的。心的约束和使用，夺去和获取，行动和停止，都是自己决定的。所以嘴巴可以因为受到胁迫而沉默，形体可以因为受到胁迫而屈伸，心却不可以因为受到胁迫而改变其意，认为正确的就接受它，认为错误的就不接受。所以说：心的状态是，它的选择是不受任何东西限制的，只是顺着本心自然而然地显现，它接纳的事物很繁杂，它精神专注到极点的时候，不会有所旁顾。《诗经》说："采卷耳呀采卷耳，总是装不满一筐子。我怀念着心爱的人，索性将它放在大路上。"倾筐虽然容易满，卷耳也容易采，但以怀人之心采之，又放之于大路上是满不了的。所以说，思想分散就不能获得对事物的了解，心思不专一认识就不会精深，三心二意就会疑惑。专一于道，并用来帮助考察万物，那么万物都可以被认识了。一个人只要明白其中的道理，并尽力去做了，就能做到身美，凡万事万物的道理，都不能执两端而得，所以明智之人选择一端而专心以赴。

农精于田而不可以为田师①，贾精于市而不可以为贾师，工精于器而不可以为器师。有人也，不能此三技而可使治三官，曰：精于道者也，精于物者也。精于物者以物物②，精于道者兼物物，故君子壹于道而以赞稽物。壹于道则正，以赞稽物则察，以正志行察论③，则万物官矣④。

【注释】

①田师：与下文的贾师、器师一样都是官名，分别管理农、商、工。师，官长。

②物物：管理事物。第一个"物"是动词，表示管理。

③论：这里含有对事物的理解的意思。

④官：治理。

【译文】

农夫精通于种田而不能成为田师，商人精通于做生意而不能成为贾师，工匠精通于做器具而不能成为器师。有这样的人，他虽然没有这三种技能，却可以用来管理这三种行业的官，这是因为他是精通于道的人，而不是精通于某种具体事务的人。精通于某种具体事物的人，可以让他来治理这一类事物，精通于道的人，却可以治理各种事物，所以君子专一于道，能够用道帮助考察万物。专心于道，心志就纯正不偏，用它来帮助考察万物，就能明察，用纯正的思想、明察的行为去对待万物，那么万物都可以得到治理了。

昔者舜之治天下也，不以事诏而万物成①。处壹危之②，其荣满侧；养壹之微③，荣矣而未知。故《道经》曰④："人心之危，道心之微⑤。"危微之几⑥，惟明君子而后能知之。故人心譬如槃水⑦，正错而勿动⑧，则湛浊在下而清明在上⑨，则足以见须眉而察理矣⑩。微风过之，湛浊动乎下，清明乱于上，则不可以得大形之正也。心亦如是矣。故导之以理，养之以清，物莫之倾，则足以定是非，决嫌疑矣。小物引之则其正外易，其心内倾，则不足以决粗理矣。故好书者众矣，而仓颉独传者⑪，壹也；好稼者众矣，而后稷独传者⑫，壹也；好乐者众矣，而夔独传者^⑬，壹也；好义者众矣，而舜独传者，壹也。倕作弓^⑭，浮游作矢^⑮，而羿精于射^⑯；奚仲作车^⑰，乘杜作乘马^⑱，而造父精于御^⑲。自古及今，未尝有两而能精者也。曾子曰^⑳："是其庭可以搏鼠，恶能与我歌矣！"

【注释】

①诏：告，指具体告之。

②壹：专一，指专一于道。危：心存戒惧。

③微：精微，精妙。

④《道经》：大概是一种古书的名字，现已失传。

⑤"人心之危"两句：人心，指遵循道的心。道心，掌握了道的心。

⑥几：微妙细小的差别。

⑦槃：同"盘"。

⑧正：端正。错：通"措"，放置。

⑨湛浊：指泥滓、脏物。湛，同"沉"。

⑩须眉：胡须、眉毛。理：皮肤上的纹理。

⑪仓颉（jié）：传说中黄帝的史官，中国文字的创造者。

⑫后稷（jì）：传说中尧时的农官，周朝始祖。

⑬夔（kuí）：传说中舜时的乐官。

⑭倕（chuí）：古代传说中的巧匠，创造了弓。

⑮浮游：传说中箭的创造者。

⑯羿（yì）：传说中夏代有穷氏的国君，善射。

⑰奚仲：传说中夏禹时的车正（管理车的官）。

⑱乘杜：传说中周朝祖先契的孙子，最先发明驾车技术。乘马：四马。

⑲造父：传说中周穆王的车夫。

⑳曾子：名参，孔子的门徒。此处句意甚难解，权依郝懿行说解释。

【译文】

过去舜治理天下，不是每件事都告诉手下人如何去做，但各种事情却都运转得很成功。专一于道而小心翼翼，心存戒惧，就可获得外在的安荣；专一于道，以道养心，而入于精微，其内心的安荣就可不期然地获得。《道经》上说："求道的心会时时警惕小心，掌握了道的心则会进入精微的境界。"谨慎小心与进入精微之间微妙的差别，只有君子才能知道。所以人心譬如一盘水，把它放平而不动，那么脏东西就会沉淀在底下，上面的水就很清，足以照出人的胡须头发和皮肤的纹理。清风吹过，泥滓会泛上来，水面会变浑浊，这样就得不到人体的真实形象。心也是如此啊。所以用道理引导它，用平和之气涵养它，不让外物干扰它，那就足以判定是非、解决嫌疑了。如果用小物来引诱它，那么它的正就会被改变，内心会有所动摇倾斜，就连最粗浅的道理都不能判断。所以喜欢文字的人很多，只有仓颉的名声传了下来，原因就在于他专一；喜欢种粮食的人很多，只有后稷的名声传了下来，原因就在于他专一；喜欢音乐的人很多，只有夔的名声传了下来，原因就在于他专一；喜好道义的人很多，只有舜的名声传了下来，原因就在于他专一。倕发明了弓，浮游发明了箭，而羿精于射箭；奚仲创造了车，乘杜创造了驾车，造父善于驾车。自古及今，不曾有用心不专而能精通一样事物的。曾子说："庭院里如此安静，其中有潜修而深思之士，我怎能用歌唱来扰乱他呢？"

空石之中有人焉，其名曰觙^①，其为人也，善射以好思^②。耳目之欲接则败其思，蚊虻之声闻则挫其精，是以辟耳目之欲^③，而远蚊虻之声，闲居静思则通。思仁若是，可谓微乎？孟子恶败而出妻^④，可谓能自强矣，未及思也；有子恶卧而焠掌^⑤，可谓能自忍矣，未及好也^⑥。辟耳目之欲，而远蚊虻之声，可谓危矣，未可谓微也。夫微者，至人也^⑦。至人也，何强，何忍，何危！故浊明外景^⑧，清明内景^⑨。圣人纵其欲^⑩，兼其情，而制焉者理矣，夫何强，何忍，何危？故仁者之行道也，无为也^⑪；圣人之行道也，无强也^⑫。仁者之思也恭，圣人之思也乐。此治心之道也。

【注释】

①觙（jí）：人名。

②射：射覆，古代一种猜谜游戏。

③辟：回避。

④出妻：古书中记载，有一次，孟子回家进门，正碰上妻子更换衣服，他认为这是伤风败俗的事情，于

是要休掉妻子，后被其母阻止。

⑤有子：即有若，孔子的学生。焠（cuì）：烧。古书记载，有子看书时，担心自己睡着了，用火来烧手掌。

⑥好：喜好。这里的意思是如果对读书好之乐之，自然就不必烧烤手掌。

⑦至人：荀子心中最完美的人。

⑧浊明：外明而内暗。这里指那些对道认识肤浅的人。外景：指如火日之类。下文的"内景"指如金水等。景，光色。

⑨清明：内明而清。这里指完全认识了道的人。

⑩纵其欲：意思是从心所欲。纵，当为"从"。

⑪无为：不刻意去做，不思而得。

⑫无强：不勉强。

【译文】

从前在石穴中有一个人，名叫觙。他为人善于猜谜思考。耳朵听到声音，眼睛看到颜色，就扰乱了他的思考，蚊子的声音，也会搅乱他的沉思。于是要避开蚊子的声音，独居精思才能想通问题。如果像这样思考仁，能说是明白了道的精微之处吗？孟子担心败坏自己的名声而休妻，可说是能自强于修身的了，但不能说考虑得很周到；有子看书时担心睡着了，用火烧手掌，可说是能自我克制了，但不能说对读书有足够的爱好；躲开耳目欲望，避开蚊子的嗡鸣，可说是能小心戒惧了，但不能说达到了认识道的精微的程度。能做到认识精微者，就是至人啊。到了圣人的境界，又何须自强、自忍、自危！所以说，那些没真正掌握道的人，像火一样，只是外表明白，而那些真正掌握了道的人，像水一样，那是心里清亮。圣人从心所欲，尽得其情，治理一切都很合理。又何需自强、自忍、自危！所以仁者推行道，并不刻意去做；圣人推行道，不必勉强去做。仁者在思虑道时，是恭敬的，圣人在思虑道时，是乐在其中的。这就是治心的根本办法。

　　凡观物有疑，中心不定，则外物不清，吾虑不清，则未可定然否也。冥冥而行者①，见寝石以为伏虎也②，见植林以为立人也，冥冥蔽其明也。醉者越百步之沟，以为跬步之浍也③，俯而出城门，以为小之闺也④，酒乱其神也。厌目而视者⑤，视一以为两；掩耳而听者，听漠漠而以为哅哅⑥；势乱其官也。故从山上望牛者若羊，而求羊者不下牵也，远蔽其大也；从山下望木者，十仞之木若箸，而求箸者不上折也，高蔽其长也。水动而景摇，人不以定美恶，水势玄也⑦。瞽者仰视而不见星⑧，人不以定有无，用精惑也⑨。有人焉，以此时定物，则世之愚者也。彼愚者之定物，以疑决疑，决必不当。夫苟不当，安能无过乎？

【注释】

①冥冥：昏暗的样子。

②寝石：横卧的石头。

③浍（kuài）：小沟。

④闺：上圆下方的小门。

⑤厌：压。这里指按。

⑥漠漠：无声。讻讻（xiōng）：喧哗声。

⑦玄：通"眩"，动荡不定。

⑧瞽（gǔ）：瞎子。

⑨精：视力。惑：迷乱，不清。

【译文】

　　大凡观察事物，有疑惑时，心中就捉摸不定，那么对外物的认识也就会不清楚，我们头脑思考不清楚，就很难定是非。在黑暗中走路的人，见到一块卧石，会认为是蹲着的老虎，见到树木，会认为是站着的人，这是因为黑暗遮蔽了他的视力。喝醉酒的人跨过百步之沟时，会以为是半步之宽的小水沟，低头过城门时，误以为到了小闺门，这是因为酒扰乱了他的心神。按住眼睛去看的人，会把一个物体看成两个；按住耳朵而听的人，会把寂寂无声听成喧哗吵闹，这是因为外力扰乱了他的感官。所以从山上望一只牛就像羊一样小，而找羊的人却不会上山去牵它，因为知道距离改变了牛的大小；从山下望树，十仞高的大树好像筷子一样矮小，但找筷子的人不上去折它，因为他知道高山缩短了树的长。水晃动，水中的倒影也会晃动，人们并不会用倒影的样子来判定景物的美丑，因为知道是水的晃动扰乱了倒影。盲人抬头看不见星星，人们并不因此判定天空没有星星，因为知道这是视力不清造成的。如果有一个人，用此时的情况来判断事物，那就是世上最愚蠢的人。那些愚蠢的人，用不清楚来判定不清楚，其判断肯定不会恰当。如果不恰当，怎么能够没有错误呢？

　　夏首之南有人焉^①，曰涓蜀梁^②，其为人也，愚而善畏。明月而宵行，俯见其影，以为伏鬼也，卬视其发^③，以为立魅也，背而走，比至其家，失气而死，岂不哀哉！凡人之有鬼也，必以其感忽之间、疑玄之时定之^④。此人之所以无有而有无之时也，而己以正事^⑤。故伤于湿而痹^⑥，痹而击鼓烹豚，则必有敝鼓丧豚之费矣，而未有俞疾之福也^⑦。故虽不在夏首之南，则无以异矣。

【注释】

①夏：河名，即夏水，在今湖南境内。

②涓蜀梁：人名。无考。

③卬：同"仰"。

④感忽：精神恍惚。疑玄：神智不清。玄，通"眩"。
　定：原文为"正"，据文义改。

⑤而己以正事：此处恐有脱文，似脱"岂不哀哉！"几字。

⑥痹：风湿病。

⑦俞：通"愈"，治愈。

【译文】

　　夏水之南有一个人，叫涓蜀梁，他的为人，愚蠢而胆小。在月光明亮的夜晚行走，低头看见自己的影子，以为是伏在地上的鬼，抬头看见头上的发，以为是站着的鬼，吓得转身就跑，等跑到家，便气绝身亡，这难道不是很可悲的事吗？凡是人认为有鬼，那一定是在他精神恍惚、神智眩昏时作出的判断。这正是人们把有当无，把无当有的时候，然而自己却在这个时候判定事情。伤于潮湿而得了风湿病，就去打鼓杀猪，祭祀神鬼，那一定会有打破鼓、损失猪的破费，而不会有治好病的福气。所以这样的人，虽然不在夏水之南，与那个被鬼吓死的人却没有什么不同。

凡以知，人之性也；可以知，物之理也。以可以知人之性，求可以知物之理而无所疑止之^①，则没世穷年不能遍也^②。其所以贯理焉虽亿万，已不足以浃万物之变^③，与愚者若一。学，老身长子而与愚者若一，犹不知错，夫是之谓妄人。故学也者，固学止之也^④。恶乎止之？曰：止诸至足。曷谓至足^⑤？曰：圣王。圣也者，尽伦者也；王也者，尽制者也。两尽者，足以为天下极矣。故学者，以圣王为师，案以圣王之制为法^⑥，法其法，以求其统类^⑦，以务象效其人^⑧。向是而务，士也；类是而几^⑨，君子也；知之，圣人也。故有知非以虑是，则谓之攫^⑩；有勇非以持是，则谓之贼；察孰非以分是^⑪，则谓之篡；多能非以修荡是，则谓之知；辩利非以言是^⑫，则谓之诖^⑬。传曰："天下有二：非察是，是察非。"谓合王制与不合王制也。天下有不以是为隆正也^⑭，然而犹有能分是非、治曲直者邪？若夫非分是非，非治曲直，非辨治乱，非治人道，虽能之无益于人，不能无损于人。案直将治怪说，玩奇辞⑮，以相挠滑也⑯；案强钳而利口⑰，厚颜而忍诟，无正而恣睢，妄辨而几利⑱；不好辞让，不敬礼节，而好相推挤：此乱世奸人之说也，则天下之治说者方多然矣。传曰："析辞而为察，言物而为辨，君子贱之；博闻强志，不合王制，君子贱之。"此之谓也。

【注释】

①疑：读作"凝"，止。

②遍：穷尽。

③浃：周遍。一说，通"挟"，持，掌握。

④止：就是上文"凝止之"之"止"，表示限度和目的，与"遍"对文。

⑤曷：何。

⑥案：相当于"而"，为荀子文章特别用语。

⑦统类：大纲。

⑧象效：仿效。

⑨是：这个，指上文所言法圣王。几：接近。

⑩攫：原文作"惧"，据文义改。

⑪察孰：熟察，察析精熟。孰，同"熟"。分：分辨。

⑫辩利：能说会道。辩，辩说。利，利口。

⑬呭（yì）：多言，废话。

⑭隆正：正中，即标准。

⑮"案直将治怪说"两句：案，语气词。怪说、奇辞，

这里指惠施、邓析等人的学说。参见《非十二子》。

⑯挠：扰。滑：乱。

⑰钳：钳制人口。庄子曾讥议惠施，说其能服人之口，不能服人之心。此即"钳"字之义。利口：口才便捷。

⑱妄辨：无理而辨。几：近。

【译文】

能够认识事物，是人的本性；可以被认识，是事物的自然之理。以人的认识的本性，去探求可知的事物的道理，如果没有一定的目标所止，那就会终身辛苦，甚至到死也不能穷尽事物的道理。这样的人所学习、所领会的事理即使很多，但对于变化无穷的万事万物，最终都不足以全部了解，这与一般的愚人没有什么两样。学习，一直到老了，儿女都长大了，仍然和愚人一般，并且还不懂得放弃这种做法，这种人就是妄人。所以学习，根本目的就在于学习"所定止"的东西。定止在哪里呢？答：在至足之境。什么是至足之境？答：就是圣、王之境。所谓圣，就是完全精通事物之理的人；所谓王，就是完全精通治国制度的人。精通这两个方面的人，就是天下人的最高标准。所以学者以圣王为师，而以圣王的制度为法，效法圣王的礼法，以求知它的纲要，并努力仿效他的为人。向着这个标准努力的，就是士；与这个标准近似而差不多要达到的，就是君子；完全通晓这个标准的，就是圣人。所以有智慧而不用来考虑圣王之法，就是瞎抓；有勇气而不用来持守圣王之法，就是残贼；察析精熟而不用来分辨圣王之法，这就叫做混淆视听；有很多能力，但不用来发扬光大圣王之法，这就叫做巧诈；能说会道，但不用来宣说圣王之法，这就叫做废话。古书上说："天下的事有两种：用不对的分辨出正确的，用正确的分辨出不对的。"这就是要分辨出合于王制的与不合于王制的。天下人如果不以王制作为标准，如此还能有评定是非曲直的标准吗？如果一种学说不分是非，不理曲直，不辨治乱，不研究做人的道理，那么即使掌握了它，对人类也没有什么好处，不懂得它，对人类也没有什么坏处。这些不过是研究怪说，玩弄奇辞，用来互相干扰罢了；强迫别人而巧言为自己辩护，厚着脸皮忍受着辱骂，不走正道而任意胡行，无理巧辩而唯利是图；不喜欢谦让，不尊重礼节，而喜欢互相排挤，这是乱世奸人的学说，而今天天下治学说的，大多却是如此。古书上说："玩弄文字，而自以为是明察，谈论各种事物，而自以为能辨别，君子瞧不起这种人；博闻强志，却不合于王制，君子瞧不起这种人。"说的就是这个意思。

为之无益于成也，求之无益于得也，忧戚之无益于几也①，则广焉能弃之矣②。不以自妨也，不少顷干之胸中③。不慕往，不闵来④，无邑怜之心⑤，当时则动，物至而应，事起而辨，治乱可否，昭然明矣。

【注释】

①几：危机。
②广：读为"旷"，远。能：相当于"而"。

③少顷：片刻。干：扰。

④闵：忧悯，悯念。

⑤邑（yì）：通"悒"，忧愁。

【译文】

做了却无益于成功，追求却无益于得到，忧愁却无益于解决危机，对于这样的事，就应当将它抛弃得远远的。不因为它而妨碍自己，也不让它对心有片刻干扰。不羡慕过去，不忧念未来。没有忧愁或怜悯的心情，时机合适就行动，事物来了就应对，事情发生了就处理，这样什么是治，什么是乱，什么要肯定，什么要否定，就一清二楚了。

周而成①，泄而败，明君无之有也；宣而成②，隐而败，暗君无之有也。故君人者周则谗言至矣，直言反矣③，小人迩而君子远矣。《诗》云："墨以为明，狐狸而苍④。"此言上幽而下险也⑤。君人者宣则直言至矣，而谗言反矣，君子迩而小人远矣。《诗》曰："明明在下，赫赫在上⑥。"此言上明而下化也。

【注释】

①周：周密。这里指隐瞒真实。

②宣：宣露，即开诚布公之意。

③反：离开，远去。

④"墨以为明"两句：此处引诗应为逸诗。引诗的意思与指鹿为马同。墨，暗。

⑤幽：昏聩。险：险诈，佞诈。

⑥"明明在下"两句：此处引诗见《诗经·大雅·大明》。

【译文】

　　隐瞒真情会成功，公开真情会失败，明智的君主不会有这样的事；宣露真情会成功，隐瞒真情会失败，昏庸之君不会有这样的事。所以做君主的做事喜欢隐蔽真情，那么谗言就会来了，直言却没有了，小人都来亲近而君子却疏远了。《诗经》说："把黑的当作亮色，把黄色当作黑色。"说的就是君主昏庸、臣属险诈的情形。为人君者，做事喜欢公开宣露，那么直言就会来到，谗言就会远离，君子都来亲近而小人疏远了。《诗经》说："在下的臣属光明磊落，是因为在上的君主正大英明。"说的就是上面的人如果贤明，下面的人就会得到感化。

正　名

　　名实关系是先秦诸子非常重视的一个问题，各家都有讨论。然而论述最为深刻、理论最为完整的当数荀子这一篇《正名》。

　　文章首先对王者制名与正名的重要意义进行了论述，指出"名定而实辨，道行而志通"，谨守名约是国家长治久安的根本。然后指出每一个新王朝的兴起，都"必将有循于旧名，有作于新名"。所以他从三个方面对后王作新名的问题进行了论述。指出制定名称的由来，在于"制名以指实，上以明贵贱，下以辨同异"；确定名称同异的标准依靠的则是"天官"和"心"；而以"稽实定数"、"约定俗成"为制名之枢要。

　　文章后半部又论述了辩说的重要性和方法，针对宋子、墨子、公孙龙、惠施、庄子等之"乱名"而发，强调了"易一以道"的重要性。

后王之成名①：刑名从商②，爵名从周③，文名从《礼》④。散名之加于万物者⑤，则从诸夏之成俗曲期⑥；远方异俗之乡则因之而为通。散名之在人者：生之所以然者谓之性⑦，性之和所生⑧，精合感应，不事而自然谓之性。性之好、恶、喜、怒、哀、乐谓之情。情然而心为之择谓之虑⑨。心虑而能为之动谓之伪⑩。虑积焉，能习焉，而后成谓之伪。正利而为谓之事⑪，正义而为谓之行。所以知之在人者谓之知。知有所合谓之智。所以能之在人者谓之能。能有所合谓之能。性伤谓之病。节遇谓之命。是散名之在人者也，是后王之成名也。

【注释】

①后王：指近世的、当时的君王。成名：人所公认的名称。

②刑名：刑法的名称。

③爵名：即公、侯、伯、子、男五等诸侯及周官三百六十官的名称。

④文名：礼节仪式的名称。《礼》：指《礼经》。

⑤散名：一般事物之杂名。

⑥诸夏：指中原地区。成俗：已有的风俗习惯语言。曲期：共同约定。曲，委曲周遍，即多方面的意思。期，约定。

⑦性：指天生的生理之性，耳、目、口等五官的功能。

⑧和：指阴阳二气的和合。

⑨情然：情有所动，意思是有所欲。虑：思考，思虑。

⑩能：人体官能。动：行动。伪：人为。

⑪正利：不失其正之利，如生计之类。事：应当做的事。

【译文】

当代君王使用的现成的名称：刑法的名称仿效商代，爵位的名称仿效周代，礼节仪式的名称仿效《周礼》。其他一般事物的名称，就仿效中原地区已有的风俗习惯和共同约定的名称；边远地区不同风俗的地方，则依据中原地区的习俗名称来沟通。其他关于人的各种名称有：生来就如此的生理本能叫天性，天性是阴阳二气和合而成的，人的感官与外物接触感应，不经过后天努力和社会教化而自然有的反应，叫做天性。天性中所表现出的好、恶、喜、怒、哀、乐的情感就叫情。情有所欲，心对它进行选择判断就叫思虑。思虑以后，人体官能照着去做就叫人为。思虑长期积累，官能反复去做，然后所形成的言行规范叫作伪。出于利的目的而又不失其正去做的，叫做事；符合义的标准而去做的，叫做德行。人固有的认识客观事物的本能就叫知。这种本能与客观万物相合就叫智慧。人固有的掌握外物的才能叫做本能。本能与外物相合的叫做才能。人的天性受到伤害叫做病。恰好碰上的遭遇叫做命运。这些就是关于人的各种名称，就是当代君主所使用的已有的名称。

故王者之制名，名定而实辨①，道行而志通②，则慎率民而一焉。故析辞擅作名以乱正名③，使民疑惑，人多辨讼，则谓之大奸，其罪犹为符节、度量之罪也④。故其民莫敢托为奇辞以乱正名。故其民悫⑤，悫则易使，易使则公。其民莫敢托为奇辞以乱正名，故壹于道法而谨于循令矣⑥。如是，则其迹长矣。迹长功成，治之极也，是谨于守名约之功也⑦。

【注释】

①实：指客观事物。辨：分辨。

②道：指制定名字的基本规则。志通：志意相通。

③析辞：玩弄辞句。指惠施、公孙龙"坚白"、"异同"之类。

④为：同"伪"，伪造。符节：古代用竹、木、铜等做的凭信之物，分为两半，两人各执一半，合者为符。

⑤悫（què）：朴实，谨慎。

⑥道法：根本的法度。循令：遵守政令。

⑦名约：约定的名称。约，要，犹如"界说"之义。

【译文】

所以圣王制定事物的名称，名称定下来才能对客观事物分辨清楚，实行了制定名称的原则，人们的思想感情就会得到沟通，然后就谨慎地率领人民统一遵守这些名称。所以那些玩弄辞句，淆乱正确的名称，让人们困惑，使人争辩不休的人，就是大奸之人；其罪行犹如伪造符节和度量衡一样大。所以老百姓没有人敢借伪造的奇谈怪论来扰乱正确的名称，这样人民都诚实谨慎。诚实谨慎则容易统治，容易统治就能收到功效。老百姓没有人敢借伪造的奇谈怪论来扰乱正确的名称，就会专心于法度而谨慎遵守法令了。如此则业绩长远。业绩长远，功业有成，就是治理的极点，这都是谨慎遵守统一的名称的功效啊。

今圣王没，名守慢，奇辞起，名实乱，是非之形不明，则虽守法之吏，诵数之儒①，亦皆乱也。若有王者起，必将有循于旧名，有作于新名。然则所为有名，与所缘以同异，与制名之枢要，不可不察也。

【注释】

①诵数：诵说，常指只能诵说其文，不能通知其义。

【译文】

如今圣王已经湮灭，人们对共同遵守名称的事懈怠了，奇谈怪论，纷纷出现，名称和实际淆乱，是非真相不明，这样即使是遵守法令的官吏、诵说经典的儒生，也都不免于迷乱了。如果有新的圣王出现，一定会沿用一些旧的名称，制作一些新的名称。这样，为什么要制定名称，以及根据什么来制定名称的同异，还有制定名称的关键，都是不能不认真考察的问题。

异形离心交喻①，异物名实玄纽②，贵贱不明，同异不别。如是则志必有不喻之患，而事必有困废之祸。故知者为之分别，制名以指实，上以明贵贱，下以辨同异。贵贱明，同异别，如是则志无不喻之患，事无困废之祸，此所为有名也。

【注释】

①异形：不同的人。离心：指各人有不同的想法。交
　喻：共喻。

②异物：不同的事物，如牛马之为兽，雁鹜之为禽。
　玄：通"眩"，眩乱。纽：结。

【译文】

　　不同的人，想法不一样，需要互相理解，不同的事物，
名实混杂在一起，就会纷结难知，分不清贵贱，区分不了
同异。这样的话必然会存在思想上互相不理解的弊病，事
情也因此必然会遇到做不成的灾祸。所以，为了避免这种
情况，明智的人对事物进行区分，制定出各种名称来指代
它们，上则为了明确贵贱等级，下则为了辨别同异。明确
了贵贱等级，辨别出同异，这样的话，就不会有思想上互
相不理解的弊病，不会有事情做不成的灾祸。这就是为什
么要有名称的原因了。

　　然则何缘而以同异？曰：缘天官①。凡同类、
同情者，其天官之意物也同②，故比方之疑似而
通③，是所以共其约名以相期也④。形体、色、理
以目异⑤，声音清浊、调节奇声以耳异⑥，甘、苦、
咸、淡、辛、酸、奇味以口异，香、臭、芬、郁、
腥、臊、漏、庮、奇臭以鼻异⑦；疾、养、沧、热、
滑、铍、轻、重以形体异⑧，说、故、喜、怒、哀、

乐、爱、恶、欲以心异⑨。心有征知⑩。征知则缘耳而知声可也，缘目而知形可也⑪，然而征知必将待天官之当簿其类然后可也⑫。五官簿之而不知，心征之而无说，则人莫不然谓之不知，此所缘而以同异也。

【注释】

①天官：即指人的五官。《天论》篇："耳、目、鼻、口、形，能各有所接而不相能也，夫是之谓天官。"

②意物：对事物的感觉印象。

③比方：合并，归类。方，两舟相并，也可指两物相并。疑似：模拟得大体相似。疑，通"拟"，模拟。

④约名：共同约定的名称，约定俗成的名字。期：期会，交往。

⑤形体：形状。色、理：颜色纹理。

⑥调节：本作"调竽"，根据文义改，调和节制。

⑦郁：这里指香味。漏：马膻味。原为"酒"，据文义改。庮（yǒu）：牛臊味，原为"酸"，据文义改。

⑧疾：痛。养：通"痒"。沧（cāng）：寒。钣（sè）：同"涩"。原为"铍"，形近而误。

⑨说：同"悦"，心情舒畅。故：通"固"，心之郁结。

⑩征：验证，考察。

⑪"征知则缘耳而知声可也"两句：意思是说，心能验证五官的感觉，所以可以因耳而知声，因目而知形。为之立名，心虽有知，不因耳目，也不可。

缘，因，通过。

⑫簿：簿书。这里指分类记录。类：分门别类。

【译文】

然而人们根据什么来区别名称的同异？答：根据人天生的感官。大凡同类同情的事物，人们的感官对于世界的感觉印象是相同的，所以将其合并归类，模拟得大体相似，这就是为什么大家要共同约定名称以互相交流的原因。人们用眼睛来区分形状、颜色、纹理，用耳朵来分辨音色的清浊、调和节制不和谐的声音，用嘴巴来分辨甘、苦、咸、淡、辛、酸或其他特殊的味道，用鼻子来分辨香、臭、芬、郁、腥、臊、漏、庮各种味道，用身体来分辨痛、痒、寒、热、滑、涩、轻、重各种感觉，用心来区分舒畅、郁闷、喜、怒、哀、乐、爱、恶、欲等各种情感。心有对感觉印象进行分析、辨别的功能。有这种功能，才可能通过耳朵知道声音的不同，通过眼睛知道形体的不同，但是，心的感知必须在耳目等感官，对于其所接触的事物分辨其种类，而记下之后才能发生作用。如果五官收集了对外物的印象但却不能分析、辨别，心感知到了外物却不能辨认它们，那么人们就会把这种情况说成是无知，这就是人们区别名称的同和不同的根据。

然后随而命之：同则同之，异则异之，单足以喻则单①，单不足以喻则兼②，单与兼无所相避则共③，虽共，不为害矣。知异实者之异名也，故使异实者莫不异名也，不可乱也，犹使同实者莫不同名也。故万物虽众，有时而欲遍举之④，故谓之物。物也者，大共名也。推而共之，共则有共，至于无共然后止。有时而欲偏举之，故谓之鸟兽。鸟兽也者，大别名也⑤。推而别之，别则有别，至于无别然后止。名无固宜，约之以命，约定俗成谓之宜，异于约则谓之不宜。名无固实，约之以命实，约定俗成谓之实名。名有固善，径易而不拂⑥，谓之善名。物有同状而异所者，有异状而同所者，可别也。状同而为异所者，虽可合，谓之二实。状变而实无别而为异者，谓之化⑦。有化而无别，谓之一实。此事之所以稽实定数也⑧，此制名之枢要也。后王之成名，不可不察也。

【注释】

①单：单名，指一个字的名称。

②兼：复名，指两三个字的名称。

③避：违背。共：共名，指更高一级的分类。例如，白马、黄马，毛色不一，但都可以命名为马。

④遍：全面。

⑤别名：低一级的类概念。

⑥径易：直接简明，不用解释就可知道的。拂：违背。

⑦化：变化。如幼之化而为老，蚕之化而为蛾。其名不同，其实一也。

⑧稽（jī）：考察。数：这里指制定名称的法度。

【译文】

　　随即接着给事物命名：相同的事物取相同的名字，不同的事物取不同的名字，用单字足以指明的就用单字，用单字表达不清的就用复名，单字和复名没有什么冲突的就用共名，使用了共名，也不会有什么妨害。知道不同的事物有不同的名字，所以就应该让不同的事物有不同的名字，不可以混淆，这就好像让同样的事物有同样的名字的道理一样。所以世界上万物虽多，有时为了全面概括，就称之为"物"。所谓"物"，就是一个大的共名。按照这种办法，一步步往上推，共名之上还有共名，一直推到无法再推的共名才停止。有时想部分概括起来说，就称为鸟兽。鸟兽是一个大的别名。按照这种办法，一步步往下推，别名之下还有别名，一直推到无法再推的别名才停止。名字本来无所谓合适不合适，是人们约定而命名的，约定俗成了，就成为合适的，与约定俗成不一样的就是不合适。名称本来没有固定的指代，是人们约定了来指代某种事物，约定俗成了，就成了某种事物的名称。有本来就很好的名称，简单明了而又不违背人意，这就是好的名称。事物有相同的形状而在不同的地方，或者在同一个地方而形状不同，这是可以区别开的。形状相同而地方不同，虽然可以合用一个名称，也应该说是两个东西。形状变化了，但本质并没有变为另一种东西，这就叫"化"。有变化而实质未变，仍然叫做同一个实物。这就是为什么要考察事物的实体来确定制定事物名称的法度的原因，这是制定名称的关键所在。后王是根据已有的名称来制定名称的，所以对此三点不可不察。

"见侮不辱"①，"圣人不爱己"②，"杀盗非杀人也"③，此惑于用名以乱名者也④。验之所为有名而观其孰行，则能禁之矣。"山渊平"⑤，"情欲寡"⑥，"刍豢不加甘，大钟不加乐"⑦，此惑于用实以乱名者也⑧。验之所缘以同异而观其孰调，则能禁之矣。"非而谒楹⑨，有牛马非马也"⑩，此惑于用名以乱实者也⑪。验之名约，以其所受悖其所辞，则能禁之矣。凡邪说辟言之离正道而擅作者⑫，无不类于三惑者矣。故明君知其分而不与辨也。

【注释】

①见侮不辱：受到欺侮而不以为是侮辱。这是宋钘的一个观点。

②圣人不爱己：圣人不珍爱自己，对自己和别人一样。这可能是墨家的思想。

③杀盗非杀人：杀死强盗不是杀人。这是墨家的一个观点。

④用名以乱名：指用名词的表面异同来抹煞其实质的异同。例如，"侮"与"辱"表面上是两个名词而实质相同，圣人只爱人，其实自己也是一个人，"盗"与"人"是两个名词，但"盗"其实还是人的一部分。

⑤山渊平：高山和深渊一样平。这是名家惠施的观点。

⑥情欲寡：人的欲望少。这是宋钘的观点。

⑦"刍豢（chúhuàn）不加甘"两句：肉并不比一般食物好吃，大钟的音乐并不能给人带来比一般声音更大的快乐。刍豢，指牛羊猪犬之类的肉类。这是庄子的思想。

⑧惑于用实以乱名：指用实际中的特殊情况来搞乱名词的本质含义。例如，如果一座高山上有湖泽，这湖泽实际上可能和低处的山在同一平面上。但是，不能用这种特殊性去代替普遍性，得出山和深渊同样平的结论。

⑨非而谒楹：含义不明，阙疑。

⑩有牛马非马也：指墨子的"牛马非马"之说。

⑪用名以乱实者：指用事物的名称来搞乱事物的实际。例如：从名称上说，牛马确实不等于马，但如果实际考察被称为"牛马"的动物，就会发现他们其实是马。说"牛马非马"就是用名称的不同搞乱事物的实际关系。

⑫辟言：谬论。辟，邪僻。

【译文】

"见侮不辱"，"圣人不爱己"，"杀盗非杀人也"，这些都是只取其名，不究其实，用表面名称惑乱正名的例子。只要查看一下为什么要有名称，观察一下名称怎么用，就能禁止这种说法了。"山渊平"，"情欲寡"，"刍豢不加甘，大钟不加乐"，这些是用混乱实际来搞乱正名的例子。只要考察一下为什么有同有异，再看看这种说法与通常的说法哪种更符合实际，就能禁止这种说法了。"非而谒楹"、"有牛马非马也"，这是用混乱名称而扰乱实际的例子。只要用约定俗成的原则考察一下，用他赞成的去反驳他所反对的，就能禁止这种说法了。大凡那些离开正道而擅作主张者的邪说谬论，无不出于以上三种情况。所以英明的君主知道正说和邪说的分别，而不去辩说这些。

夫民易一以道而不可与共故^①，故明君临之以势，道之以道，申之以命，章之以论^②，禁之以刑。故其民之化道也如神，辨说恶用矣哉！今圣王没，天下乱，奸言起，君子无势以临之，无刑以禁之，故辨说也。实不喻然后命，命不喻然后期^③，期不喻然后说，说不喻然后辨。故期、命、辨、说也者，用之大文也^④，而王业之始也。名闻而实喻，名之用也。累而成文，名之丽也^⑤。用、丽俱得，谓之知名。名也者，所以期累实也。辞也者，兼异实之名以论一意也。辩说也者，不异实名以喻动静之道也^⑥。期命也者，辨说之用也。辨说也者，心之象道也^⑦。心也者，道之工宰也^⑧。道也者，治之经理也^⑨。心合于道，说合于心，辞合于说，正名而期，质请而喻^⑩。辨异而不过，推类而不悖^⑪，听则合文^⑫，辨则尽故。以正道而辨奸，犹引绳以持曲直，是故邪说不能乱，百家无所窜。有兼听之明而无奋矜之容^⑬；有兼覆之厚而无伐德之色^⑭。说行则天下正，说不行则白道而冥穷^⑮，是圣人之辨说也。《诗》曰："颙颙卬卬，如珪如璋，令闻令望。

岂弟君子，四方为纲⑯。"此之谓也。

【注释】

①一以道：用正道来统一。

②章：表明，开导。

③期：会。意思是以形状大小会之，使人易晓。如仅说"马"不能明白，则加以"白"字，以"白马"使人明白。

④文：文饰。

⑤丽：这里是连接、配合的意思。

⑥不异实名：名实一致，指用同一个概念和事物。

⑦象：表现，反映。

⑧工宰：主管者。

⑨经理：原则。

⑩质请：合乎实际情况。质，朴实。请，通"情"，实。

⑪不悖：不违背正道。

⑫文：合于礼义。

⑬奋矜：骄傲自大。

⑭伐：自夸。德：通"得"，自得。

⑮白道：说明正道。冥穷：指隐居。

⑯"颙颙（yóng）卬卬（áng）"五句：此处引诗见《诗经·大雅·卷阿》。颙颙，恭敬温和的样子。卬卬，气概轩昂的样子。珪、璋，两种玉。这里指纯洁温润。令，好，善。岂弟：同"恺悌"，和乐平易。纲，纲要。

【译文】

一般的百姓，智识浅陋，所以容易用正道来统一他们的言行，但不能跟他们讲明理由，所以明君用权势来统治他们，用正道来引导他们，用命令来申诫他们，用言论来开导他们，用刑法来管制他们。所以百姓顺从教化如有神力，哪里用得上辩说！当今圣王不在，天下大乱，奸诈的言论纷纷兴起，君子没有势位可以君临天下，没有刑法能够禁止邪说，所以辩说不得不兴起了。对于实物不能明白，就给它起个名字，起了名字还不明白，就用大小形状等来加以形容，这样还不明白，再告诉他们为什么会这样，如果还不明白，就只有通过反复论证来辨明它。所以期、命、辨、说，是治道的最重要的文饰，是王业的开始。听到名称就能明白其所指，这就是名的用处。累积名称而成文辞，这就是名称的互相配合。名的用处和互相配合都得当，便可以说是容易明白的名称。名称，就是用来表达各种事物的。辞，是将不同事物的名称连缀起来表达一个意思的。辩说，是人们用同一个概念和事物来反复说明是非的道理。各种名词、概念，是供人们辩论说明是非道理时使用的，辩说是心对道的认识的表达。心是道的主管，道则是治理国家的原则。心与道符合，解说与心符合，辞与解说符合，运用正确的名称而合乎共同的约定，这样就可以合乎事物的实际情况而达到互相了解。辨别不同事物而不与实际发生差错，推理各种事物的类别而不与正道偏离，听人说话要合于礼义，与人辩说则要把道理说清楚。用正道来辨析奸言邪说，就好像引绳墨而正曲直，这样邪说就不能扰乱正道，百家之说就无处藏身了。有兼听百家的明察，而没有自大骄傲的神色；有无所不包的度量，而没有自夸美德的神色。学说得到推行，那么天下会因之而归于正道，学说得不到推行，那么就向天下说明自己的理论然后隐退，这就是圣人的辩说。《诗经》上说："恭顺温和志气昂扬，就好像珪璋一样，有美好的名声。平易和气的君子啊，四方人民都以他为典范。"说的就是这个意思。

　　辞让之节得矣，长少之理顺矣①，忌讳不称，袄辞不出②；以仁心说，以学心听，以公心辨。不动乎众人之非誉③，不冶观者之耳目④，不赂贵者之权势⑤，不利便辟者之辞⑥，故能处道而不贰⑦，吐而不夺⑧，利而不流，贵公正而贱鄙争，是士君子之辨说也。《诗》曰："长夜漫兮，永思骞兮。大古之不慢兮，礼义之不愆兮，何恤人之言兮⑨！"此之谓也。

【注释】

①辞让之节：与"长少之理"皆指君子辩说的风度。

②袄：同"妖"。

③非：通"诽"，诽谤。

④冶：通"蛊"，迷惑。

⑤赂：以财物贿赂人，引申为以语言取悦于人。

⑥利：喜爱。便辟：身边亲近的人。原为"传辟"，据上下文义改。

⑦不贰：一心一意。

⑧吐：发言。不夺：不受外力胁迫而改变。

⑨"长夜漫兮"五句：此处引诗不见于《诗经》，应该
是逸诗。骞（qiān），过错。大，同"太"。慢，怠
慢。愆（qiān），差错，引申为违背。

【译文】

　　君子辩说，如果具备了谦让的品德，顺从着长幼的道
理，那么忌讳的话就不会说，奇谈怪论也不会出口；用仁
慈的心去宣讲自己的学说，用学习的心去听别人讲说，用
公正的心去分辨是非。不因为众人的毁谤或赞誉而动摇，
不用漂亮的话去迷惑听者的耳目，不讨好于有权势者，不
偏爱身边花言巧语者的话，这样就能够遵守正道而心无旁
骛，敢于发表自己的见解而不受外力胁迫，言辞流畅而不
流于随便乱说，崇尚公正而藐视无聊的争吵，这就是士君
子的辩说。《诗经》上说："在漫漫长夜里，我常常思考自己。
没有怠慢上古的道理啊，没有违背礼义啊，又何必顾虑别
人的议论！"说的就是这个意思。

　　君子之言，涉然而精①，俛然而类②，差差然
而齐③。彼正其名④，当其辞⑤，以务白其志义者也。
彼名辞也者，志义之使也，足以相通则舍之矣⑥；苟
之⑦，奸也。故名足以指实，辞足以见极⑧，则舍之
矣。外是者谓之讱⑨，是君子之所弃，而愚者拾以为
己宝。故愚者之言，芴然而粗⑩，啍然而不类⑪，諮諮
然而沸⑫。彼诱其名，眩其辞，而无深于其志义者

也。故穷藉而无极⑬，甚劳而无功，贪而无名。故知者之言也，虑之易知也，行之易安也，持之易立也，成则必得其所好而不遇其所恶焉。而愚者反是。《诗》曰："为鬼为蜮，则不可得，有腼面目，视人罔极。作此好歌，以极反侧⑭。"此之谓也。

【注释】

①涉然：深入的样子。

②俛然：俯就的样子，引申为贴切、中肯。俛，同"俯"。类：有条理，不虚浮。

③差差然：不齐。这里指从不同的角度。

④名：指事物的名称。

⑤辞：指有意义的辞语。

⑥舍：止。

⑦苟：苟且。这里指枝蔓。

⑧极：至。这里指主要的思想。

⑨讱（rèn）：难，指故意把话讲得难懂。

⑩芴然：无根本的样子。芴，通"忽"。粗：疏略。

⑪啧（zé）然：争吵的样子。

⑫誻誻（tà）然：形容多话的样子。沸：沸腾。这里指乱说、吵闹。

⑬穷藉：承上面所言"诱其名，眩其辞"而言，指穷尽各种浮夸的词汇。

⑭"为鬼为蜮（yù）"六句：此处引诗见《诗经·小雅·何人斯》。蜮，传说中一种害人的动物。腼

（tiǎn），形容脸上的表情。反侧，这里指反复无常的人。

【译文】

君子的言谈，深沉而精粹，贴切而有统类，论列事情，看似纷纷繁繁而实际都很一致。他选择正确的名称，运用恰当的辞句，务在宣明自己的思想。名称和言辞，是思想的使者，只要做到足以沟通思想就可以了；如果过于枝蔓，就是邪说了。所以名称足以代表事物的实际，言辞足以表达事物的本质意义，到这儿就可以停止了。离开这个标准就是故意说一些难解的话，这是君子所要抛弃的，而愚昧的人会当作宝贝一般捡起来。所以愚蠢的人说的话，没有依据而又粗陋，争吵而没有头绪，七嘴八舌如水之沸腾。他们使用各种诱人的名称和华丽的词句，其实却没有真正深刻的内容。所以，虽然极尽假借名称玩弄辞藻之能事，费了很大的力气，却没有成效，拼命追求好名声反而得不到。所以智慧之人的话，想一下就能懂得，实践起来很容易做，坚持它就很容易站得住，成功的话就一定会得到自己所喜欢的结果而不会得到自己厌恶的结果；而愚蠢的人则与之相反。《诗经》说："如果你是个鬼是个蜮，那我的确就见不到你。但你有鼻子有眼，在一起看得久了，就一定会看见你。我作这首好歌，就是为了把你反复无常的面目全部揭穿。"说的就是这种情况。

凡语治而待去欲者，无以道欲而困于有欲者也。凡语治而待寡欲者，无以节欲而困于多欲者也。有欲无欲，异类也，性之具也①，非治乱也。欲之多寡，异类也，情之数也，非治乱也。欲不待可得，而求者从所可。欲不待可得，所受乎天也；求者从所可，所受乎心也。所受乎天之一欲，制于所受乎心之多，固难类所受乎天也。人之所欲，生甚矣，人之所恶，死甚矣，然而人有从生成死者，非不欲生而欲死也，不可以生而可以死也。故欲过之而动不及，心止之也。心之所可中理，则欲虽多，奚伤于治！欲不及而动过之，心使之也。心之所可失理，则欲虽寡，奚止于乱！故治乱在于心之所可，亡于情之所欲。不求之其所在②，而求之其所亡，虽曰我得之，失之矣。

【注释】

①性之具也：与下文"情之数也"相对为文，原文为"生死也"，根据文义改。

②所在：指心。下文的"所亡"指欲望。

【译文】

凡是谈论治理国家而靠除去欲望的人，只是那些没有办法引导人的欲望而又被人的欲望太多难住了的人。凡是谈论治理国家而靠寡欲的人，只是那些没有办法节制人的欲望而又被人的欲望太多难住了的人。有欲望和无欲望是两种不同的类型，是人天性中所具有的，与国家治理或不治理没有关系。欲望有多有少，也是两种不同的类型，这是人天生具有的情感，与国家治理或不治理也没有关系。

人的欲望并不是在可以得到时才产生的，追求欲望的人只是在自己认为可能的时候才去做，欲望不是在可以得到时才产生，这是出于人的天性；只做自己认为可能的事，是因为心能够节制欲望。人天生的欲望是单纯的，但受制于内心多方面的考虑，所以和天生的单纯欲望是不能比的了。人最大的愿望是活着，人最厌恶的莫过于死了，然而有人放弃生命选择死亡，这不是因为他不愿意活着，愿意死，而是因为不可以偷生而应该选择死。所以有时有强烈的欲望，但行动上却没有这样做，这是因为心阻止了这种欲望。心里所想的符合理，那么虽然欲望很多，对于国家的安定也没有什么妨害！欲望不强烈而行动上却做了，这也是由于心的指使。心里所想的不符合理，那么即使欲望不强烈，也不能阻止国家的混乱！所以国家的安定与否，在于心之所想是否合理，而不在于欲望之有无。不从心里找理由，而从欲望找理由，虽然自以为找到了根源，其实并没有。

　　性者，天之就也；情者，性之质也；欲者，情之应也。以所欲为可得而求之，情之所必不免也；以为可而道之，知所必出也。故虽为守门，欲不可去，性之具也。虽为天子，欲不可尽。欲虽不可尽，可以近尽也；欲虽不可去，求可节也。所欲虽不可尽，求者犹近尽；欲虽不可去，所求不得，虑者欲节求也。道者，进则近尽，退则节求，天下莫之若也。

天性，是人天生的东西；情，是天性的实质内容；欲望，是情的感应。以为自己的愿望是可以达到的，而去追求它，这是人之常情所不可避免的；以为是可以做的而去做它，这是人的智慧所要求的必然选择。所以即使是低贱如守门的人，也不可能没有欲望之心，这是人天性中具有的东西。即使贵为天子，也不可能做到。欲望虽然不可完全满足，但可以接近于完全的满足；欲望虽然不可以完全去除，但可以得到节制。欲望虽然不可完全满足，追求的人有时依然会接近于完全的满足；欲望虽然不可以完全去除，所求也有所不得的时候，智谋之士则懂得节制欲望的追求。按照道来行事，能够满足欲望的时候就尽量满足，不能满足的时候就节制欲望，天下没比这更好的原则了。

凡人莫不从其所可，而去其所不可。知道之莫之若也，而不从道者，无之有也。假之有人而欲南无多；而恶北无寡。岂为夫南者之不可尽也，离南行而北走也哉？今人所欲无多，所恶无寡，岂为夫所欲之不可尽也，离得欲之道而取所恶也哉？故可道而从之，奚以损之而乱！不可道而离之，奚以益之而治！故知者论道而已矣，小家珍说之所愿者皆衰矣^①。

【注释】

①小家珍说：指前面所说的各家异说。珍，稀奇古怪。

　　所愿：指宋钘、墨子等人希望人去欲、寡欲的学说。

【译文】

　　大凡人，没有不顺从自己所认可的，而舍弃所不认可的。知道世界上没有比道更好的了，却不跟从道，这样的人是没有的。假如有人想向南走，那么无论路程多远，他都愿意；假如他讨厌北边，那么无论路程多近，他都不会去。他难道会因为往南走的路程太遥远，就放弃南行而选择往北走吗？同样，人们对于想得到的，再多也不嫌多；对于所厌恶的，再少也不想要。难道会因为想得到的不能完全得到满足，就放弃它而选择去追求自己讨厌的吗？所以如果内心认同道而按照它去做，那就不会有什么能损害道而产生混乱！如果不认同道而背离它，那就不会有什么能对道有益而产生安定！所以聪明的人，只是根据道来行事罢了，这样各家异说自然都消亡了。

　　凡人之取也，所欲未尝粹而来也；其去也，所恶未尝粹而往也。故人无动而不可以不与权俱①。衡不正②，则重县于仰而人以为轻③，轻县于俛而人以为重④，此人所以惑于轻重也。权不正，则祸托于欲而人以为福，福托于恶而人以为祸，此亦人所以惑于祸福也。道者，古今之正权也，离道而内自择，则不知祸福之所托。

【注释】

①权：秤锤。这里指道。俱：同。

②衡：秤杆。

③县：同"悬"。

④俛：同"俯"。

【译文】

　　大凡人想要求得某件东西，所想的未必都能得到；而他不喜欢的，也未必都会离开他。所以人的一举一动，没有什么能离得开权的标准。就好像称东西，秤不准，那重的东西挂上后秤杆反而会仰起来，使人误以为东西很轻，而轻的东西挂上后秤杆反而会低下去，使人误以为东西很重，这是人对轻重产生迷惑的原因。同样，标准不正确，那么灾祸就已经蕴含在他所希望的事情中，人却误以为是福，福气已经蕴藏在他所厌恶的事情中了，人却以为是祸，这是人对灾祸产生迷惑的原因。道，是古今衡量事物的正确标准，离开道而自己任意选择，就是不知道什么包藏着灾祸，什么包藏着福气了。

　　易者以一易一①，人曰无得亦无丧也；以一易两，人曰无丧而有得也；以两易一，人曰无得而有丧也。计者取所多，谋者从所可。以两易一，人莫之为，明其数也。从道而出，犹以一易两也，奚丧！离道而内自择，是犹以两易一也，奚得！其累百年之欲，易一时之嫌②，然且为之，不明其数也。

【注释】

①易：交换。

②嫌：恶，指不喜欢的事情。

【译文】

交换，就是以一个换另一个，人们会说这是没得到也没损失；用一个换两个，人们会说这是没有损失而有所得；用两个换一个，人们会说这是损失了而没得到。会计算的人愿意以少换多，会谋划的人能照有利自己的方面去做。用两个换一个，谁都不会做这种事，因为明白其中多寡之数的道理。依照道去做，这就好像用一个换两个，怎么会有损失！背离道而由自己任意选择，这就好像两个换一个，怎么会有所得！累积了很长时间想得到，却换取了自己讨厌的，然而却会去做，这就是不明白得失间的数量关系。

有尝试深观其隐而难察者①，志轻理而不重物者②，无之有也；外重物而不内忧者，无之有也；行离理而不外危者，无之有也；外危而不内恐者，无之有也。心忧恐则口衔刍豢而不知其味③，耳听钟鼓而不知其声，目视黼黻而不知其状，轻煖平簟而体不知其安④。故向万物之美而不能见嫌也⑤，假而得间而嫌之，则不能离也。故向万物之美而盛忧，兼万物之利而盛害。如此者，其求物也，养生也？粥寿也⑥？故欲养其欲而纵其情，欲养其性而危其形，欲养其乐而攻其心，欲养其名而乱其行。如此者，虽封侯称君，其与夫盗无以异；乘轩戴绖⑦，其与无足无以异。夫是之谓以己为物役矣。

【注释】

①有：通"又"。

②理：道之精微者。

③刍豢：牛羊犬豕之类的家畜。这里泛指肉类食品。

④轻煖：轻裘暖衣。煖，同"暖"。平簟（diàn）：平整的竹席。

⑤向：通"享"。下同。嗛（qiè）：通"慊"，满足。

⑥粥：同"鬻"，出卖。

⑦轩：古代士大夫以上乘坐的车。绂：通"冕"，古代士大夫以上戴的礼帽。

【译文】

又曾经试着深入观察一个隐蔽而难以觉察的道理，内心轻视道而不重视物质欲望的人，是没有的；重视物质欲望而内心不忧虑的人，是没有的；行为背离大道而不遭遇危险的人，是没有的；遭遇危险而内心不恐惧的人，是没有的。内心忧惧，则尝着刍豢，也会不知其味，听着钟鼓之乐，也会不知其声，看着锦绣文采，也感觉不到它的存在，穿着暖衣，睡着平整的竹席，身体也不觉得安逸。所以享受着万物之美而得不到满足，即使间或感到了满足，忧愁恐惧的心情还是不能离去。这样，享受着万物之美却非常忧虑，拥有了万物的好处却成了很大的祸害。像这样的人，他追求物质利益，是为了保养生命？还是为了出卖生命？所以本来是为了满足自己的欲望，却放纵了自己的情欲，本来是为了保养自己的生命，却危害了自己的身体，本来是培养快乐的心情，却伤害了自己的心，本来是为了建立名望，却扰乱了自己的行为。像这样的人，就算是封侯称君，其实与盗贼无异；乘车戴冕，其实与衣食不足的百姓没有什么两样。这就叫让自己被物欲所奴役。

心平愉，则色不及佣而可以养目①，声不及佣而可以养耳，蔬食菜羹而可以养口，粗布之衣、粗纰之履而可以养体②，局室、芦帘、藁蓐、凷机筵而可以养形③。故无万物之美而可以养乐，无势列之位而可以养名。如是而加天下焉，其为天下多，其私乐少矣，夫是之谓重己役物。

无稽之言，不见之行，不闻之谋，君子慎之。

【注释】

①佣：一般，平常。

②粗纰（xún）之履：粗麻绳做成的鞋。纰，粗麻绳。

③局室：狭窄的屋子。芦帘：芦苇做的帘子。藁（gǎo）蓐：草做的褥子。凷机筵：破旧的桌几。凷，原文为"尚"，形近而误，据文义改。

【译文】

心情平静愉快，那么所视之物不如平常之物也可以使眼睛舒服，音乐不如平常之声也可以使耳朵愉悦，粗食淡饭也可以满足口欲，粗布的衣服、粗麻的鞋子也能保养身体，狭窄的屋子、芦苇做的帘子、草做的褥子、破旧的桌几，也可以满足形体的需要。所以没有享受到万物之美照样可以培养快乐的心情，没有权势地位照样可以培养美好的名声。像这样，把天下给他治理，他就会为天下的利益想得多，为自己的享乐想得少。这就叫重视自身而能役使万物。

　　没有根据的话，没见人做过的事，没听人说过的谋略，君子一定要慎重对待。

性 恶

　　这是一篇系统阐述荀子"性恶论"思想的文章。

　　全篇围绕着"人之性恶，其善者伪也"的观点展开。荀子所谓"性"，就是"不可学、不可事而在人者"，即天性，也就是文中提到的"人情"，而"伪"，则是"可学而能、可事而成之在人者"，即后天的努力、环境和教育。荀子认为人生而有耳目口腹之欲、贪利争夺之心，所以其天性是恶的。因此需要通过对"师法之化，礼义之道"的学习去改变、矫正恶的天性，此即所谓"化性起伪"。他坚决反对孟子的"性善"学说，认为圣人和普通人在天性上是一致的，所不同者，乃在圣人能用礼义法度来治理、改变天性。所以他又提出了"涂之人可以为禹"的观点，认为普通人只要"伏术为学，专心致志，思索孰察，加日县久，积善而不息"，就会达到"通于神明，参于天地"的境界，成为和圣人一样的人。

人之性恶，其善者伪也①。今人之性，生而有好利焉，顺是，故争夺生而辞让亡焉；生而有疾恶焉②，顺是，故残贼生而忠信亡焉；生而有耳目之欲，有好声色焉，顺是，故淫乱生而礼义文理亡焉③。然则从人之性④，顺人之情，必出于争夺，合于犯分乱理而归于暴⑤。故必将有师法之化⑥，礼义之道，然后出于辞让，合于文理，而归于治。用此观之，人之性恶明矣，其善者伪也。

【注释】

①"人之性恶"两句：性，本性。伪，为，人为。

②疾恶（wù）：嫉妒，憎恨。

③文理：节文，条理，秩序。

④从：同"纵"，放纵。

⑤分：名分，等级。理：指礼义。

⑥师法之化：老师和法制的教化。

【译文】

　　人天性是恶的，善只是一种勉励矫正的人为的东西。人的天性，生来就喜好利益，顺着这个天性，争夺就会出现而谦让就会消失；生来就会嫉妒憎恶，顺着这个天性，伤害好人的贼人就会产生而忠信之人就会消亡；生来就有耳目之欲，喜好声色，顺着这个天性，淫乱就会出现而礼义文明就会消亡。如此，则放纵人的天性，顺着人的性情，就必然会造成争夺，出现违反等级名分、破坏礼义的事情而导致社会暴乱。所以一定要有老师和法制的教化、礼义的引导，然后才能出现谦让，才能与礼义秩序符合，达到社会安定。从这点上看，人性恶是很明明白白的了，人性之善只是后天人为的东西。

　　故枸木必将待檃栝、烝、矫然后直①，钝金必将待砻、厉然后利②。今人之性恶，必将待师法然后正，得礼义然后治。今人无师法则偏险而不正③，无礼义则悖乱而不治。古者圣王以人之性恶，以为偏险而不正，悖乱而不治，是以为之起礼义、制法度，以矫饰人之情性而正之，以扰化人之情性而导之也④。始皆出于治，合于道者也。今之人，化师法⑤，积文学⑥，道礼义者为君子；纵性情，安恣睢而违礼义者为小人。用此观之，人之性恶明矣，其善者伪也。

【注释】

①枸（gōu）：弯曲。檃栝（yǐnkuò）：矫正弯木的工具。烝（zhēng）：烘烤，加热。

②钝金：不锋利的刀剑等。砻（lóng）、厉：都是磨砺的意思。

③偏：偏邪。险：邪恶。

④扰化：驯服教化。扰，驯养。

⑤化师法：受师法的教化。

⑥积文学：积累文化知识。古代所谓文学，指诗、书等六艺之文。

弯曲的木头必须在用檃栝矫正和加热之后才可以变直，钝的刀剑必须在磨砺后才能变得锋利。现在人之本性是恶的，那就一定要经过师法的教育才可以变得端正，得到礼义的教化才能治理。人没有师法，就偏邪不正，无礼义教化，就悖乱而无治。古代的圣王认为人性是恶的，认为人性会偏邪而不正，悖乱而无治，所以为人们建立起礼义、制定了法度，以矫正文饰人的性情，使之得到端正，以驯服教化人的天性，使之得到引导。使人们都受到治理，符合于道。现在的人，受到了师法的教化，积累了文化知识，行为出于道义的，就是君子；放纵本性，任意胡作非为，违背礼义的，就是小人。由此看来，人性恶是很明明白白的了，人性之善只是后天人为的东西。

孟子曰[①]："人之学者，其性善。"曰：是不然。是不及知人之性，而不察乎人之性、伪之分者也。凡性者，天之就也，不可学，不可事；礼义者，圣人之所生也，人之所学而能，所事而成者也。不可学、不可事而在人者谓之性，可学而能、可事而成之在人者谓之伪，是性、伪之分也。

【注释】

①孟子：孟轲，战国中期儒家的代表人物。孟子道性善，言必称尧舜。认为人天性本善，但这种天性后天会丢失，学习的目的就在保持善之本性，使其不失。

【译文】

孟子说："人之所以学习，是因为人本性是善的。"我说：这是不对的！这是没有真正认识人的本性，而且是不了解本性和人为之间区别的一种说法。所谓本性，就是天生的东西，不可以通过学习得到，不可以经过努力从事而做成；而礼义，则是圣人制定出的，可以通过学习而得到，可以通过努力从事而做成。不可以学习，不可以经过努力而做成，出于天生的，叫做天性，可以学习、可以通过人为努力而做到，取决于人自己的，叫做伪，这就是天性和人为的区分。

今人之性，目可以见，耳可以听。夫可以见之明不离目，可以听之聪不离耳，目明而耳聪，不可学明矣。孟子曰："今人之性善，将皆失丧其性故也。"曰：若是，则过矣。今人之性，生而离其朴，离其资，必失而丧之。用此观之，然则人之性恶明矣。所谓性善者，不离其朴而美之，不离其资而利之也。使夫资朴之于美，心意之于善，若夫可以见之明不离目，可以听之聪不离耳，故曰目明而耳聪也。今人之性，饥而欲饱，寒而欲暖，劳而欲休，此人之情性也。今人饥，见长而不敢先食者，将有所让也；劳而不敢求息者，将有所代也。夫子之让乎父、弟之让乎兄，子之代乎父、弟之代乎兄，此二行者，皆反于性而悖于情也。然而孝子之道，礼义之文理也。故顺情性则不辞让矣，辞让则悖于情性矣。用此观之，人之性恶明矣，其善者伪也。

【译文】
　　人的本性，眼睛可以看，耳朵可以听。可以看东西的视力离不开眼睛，可以听东西的听觉离不开耳朵，所以，眼睛的视觉、耳朵的听觉是学不来的。孟子说："今天人们的天性本是善的，之所以变恶，是因为丧失了其本性。"答：这样说就错了。如果人的本性生下来就脱离了它的自然素质，那就一定要丧失本性。由此看来，人之性恶是非常明明白白的了。因为所谓性善，应该是不脱离它的本真而美，不脱离它的自然属性而好。美和资、朴的关系，心意和善的关系，就好像视觉离不开眼睛、听觉离不开耳朵一样，所以才会有目明耳聪之说。人的天性，饿了就想吃饭，冷了就想穿衣，累了就想休息，这是人的常情和天性。现在有一个人饿了，见到长者不敢先吃，这是因为要有所礼让；累了而不敢要求休息，是因为要代替长辈劳动。儿子让父亲、弟弟让兄长，儿子替父亲劳动，弟弟替兄长劳动，这两种行为，都与人性相反与常情相悖。然而这就是孝子之道，礼义之理。所以顺着常情和天性就会没有谦让，谦让与天性是相悖的。由此看来，人性恶是很明明白白的了，人性之善只是后天人为的东西。

　　问者曰："人之性恶，则礼义恶生^①？"应之曰：凡礼义者，是生于圣人之伪，非故生于人之性也^②。故陶人埏埴而为器^③，然则器生于陶人之伪，非故生于人之性也。故工人斫木而成器，然则器生于工人之伪，非故生于人之性也。圣人积思虑，习伪故④，以生礼义而起法度，然则礼义法度者，是生于圣人之伪，非故生于人之性也。若夫目好色、耳好声、口好味、心好利、骨体肤理好愉佚⑤，是皆生于人之情性者也，感而自然，不待事而后生之者也。夫感而不能然，必且待事而后然者，谓之生于伪。是性、伪之所生，其不同之征也。故圣人化性而起伪，伪起而生礼义，礼义生而制法度。然则礼义法度者，是圣人之所生也。故圣人之所以同于众，其不异于众者，性也；所以异而过众者，伪也。夫好利而欲得者，此人之情性也。假之人有弟兄资财而分者，且顺情性，好利而欲得，若是，则兄弟相拂夺矣；且化礼义之文理，若是，则让乎国人矣。故顺情性则弟兄争矣，化礼义则让乎国人矣。

【注释】

①恶（wū）：何处。

②故：通"固"，本来。

③埏埴（shān zhí）：用水和黏土制作陶器。埏，用水和土。埴，黏土。

④习：积习，熟习。伪：人为的事情。在荀子思想中，伪并不是不善，只是与性相对的一个概念。为之积习的善，也叫"伪"。

⑤肤理：皮肤的纹理。愉佚：安逸。

　　问的人说:"人性既然是恶的,那么礼义是从哪里产生的?"回答说:礼义,是产生于圣人的创造,不是人的天性就有的。陶器工人用水和黏土制作出陶器,那么陶器就产生于陶人之造作,而不是产生于陶人的天性。工匠削木为器,那么木器就产生于工匠的造作,而不是产生于工匠的天性。圣人积累思考,熟悉社会情况,因此而制造礼义兴起法度,如此看来,礼义法度,是产生于圣人的创造,而不是产生于圣人的天性。像眼睛喜欢美色、耳朵喜欢美声、嘴巴喜欢美味、心喜欢利益,身体喜欢安逸,这些全都是出于人的天性和常情,有接触就自然如此,不是依赖后天学习而产生的。接触而不能自然产生,需要后天人工努力才产生的,就叫做产生于伪。所以性、伪的产生,特点是不一样的。圣人变化了人的本性而兴起伪,兴起伪,就产生了礼义,产生了礼义就制定了法度。所以礼义法度就是圣人的创造。因此,圣人与一般人相同,而不超乎一般人的地方,就是天性;与一般人不同,而超乎一般人的地方,就是人为。贪利而想得到,这是人之常情和天性。假如有弟兄二人分财产,如果顺着人的天情,贪利而想得到,那么兄弟就会互相争夺;如果用文明礼义教化了他们,那他们就是对一般人也会相让。所以顺着人的天性就会兄弟相争,用礼义教化就会对一般人也相让。

　　凡人之欲为善者,为性恶也。夫薄愿厚,恶愿美,狭愿广,贫愿富,贱愿贵,苟无之中者,必求于外；故富而不愿财，贵而不愿势，苟有之中者，必不及于外。用此观之，人之欲为善者，为性恶也。今人之性，固无礼义，故强学而求有之也；性不知礼义，故思虑而求知之也。然则生而已^①，则人无礼义，不知礼义。人无礼义则乱，不知礼义则悖。然则生而已，则悖乱在己。用此观之，人之性恶明矣，其善者伪也。

【注释】

①然则生而已：如果只凭着本性。生，天性，本性。下同。

【译文】

大凡人之所以想为善，正是因为人的本性是恶的。薄的想变厚，丑的想变美，窄的想变宽，穷的想变富，贱的想变贵，假如自己本身没有，就会向外寻求；所以有钱的不慕财，地位高的不慕势，如果自己本身已经有了，就不会向外寻求了。由此看来，人之所以想为善，正是因为人的本性是恶的。人的本性，本来没有礼义，所以要努力学习去求得它；天性不知礼义，所以要思考以求知道。如果只凭着本性，那么人就没有礼义，不知礼义。人没有礼义就会混乱，不知礼义就会悖谬。如果只凭着本性，那么悖乱就会集于一身。由此看来，人性恶是很明明白白的了，人性之善只是后天人为的东西。

孟子曰："人之性善。"曰：是不然。凡古今天下之所谓善者，正理平治也；所谓恶者，偏险悖乱也。是善恶之分也已。今诚以人之性固正理平治邪，则有恶用圣王，恶用礼义矣哉！虽有圣王礼义，将曷加于正理平治也哉！今不然，人之性恶。故古者圣人以人之性恶，以为偏险而不正，悖乱而不治，故为之立君上之势以临之，明礼义以化之，起法正以治之，重刑罚以禁之，使天下皆出于治，合于善也。是圣王之治，而礼义之化也。今当试去君上之势，无礼义之化，去法正之治，无刑罚之禁，倚而观天下民人之相与也，若是，则夫强者害弱而夺之，众者暴寡而哗之，天下悖乱而相亡不待顷矣。用此观之，然则人之性恶明矣，其善者伪也。

【译文】

孟子说："人的本性是善的。"答：这是不对的。大凡古今天下所说的善，指的是合乎礼义法度，遵守社会秩序；所说的恶，是指狡诈不正违背混乱。这是善和恶的分界。如果一定认为人性本来就是合乎礼义法度、遵守社会秩序的，那么要圣王有什么用！要礼义有什么用！即使有圣王、礼义，又能在已经正理平治的人身上加什么！今天看来不是这样的，人性是恶的。古代圣人认为人之性恶，认为人的天性是偏险而不正、悖乱而不治的，所以为人们树立了君主的权威以进行统治，明确了礼义以进行教化，兴起法度以进行治理，加重刑罚以禁止犯罪，使天下都得到治理，符合善的标准。这就是圣王的治理，礼义的教化。今天如果试着去掉君主的权威，礼义的教化，去掉法正之治理，刑罚之禁令，站在一边任百姓随意交往，这样的话，就会出现强者伤害弱者并掠夺弱者，人多的欺凌人少的并侵扰他们的情况，天下大乱、灭亡就是顷刻之间的事了。由此看来，人性恶是很明明白白的了，人性之善只是后天人为的东西。

　　故善言古者必有节于今①，善言天者必有征于人②。凡论者，贵其有辨合③，有符验。故坐而言之，起而可设，张而可施行。今孟子曰："人之性善。"无辨合符验，坐而言之，起而不可设，张而不可施行，岂不过甚矣哉！故性善则去圣王，息礼义矣；性恶则与圣王，贵礼义矣。故檃栝之生，为枸木也；绳墨之起，为不直也；立君上，明礼义，为性恶也。用此观之，然则人之性恶明矣，其善者伪也。

【注释】

①节：符合，验证。

②征：验证。

③辨合：古代人一种凭信的方式，将一物一分为二，各持其一，相合为验。辨，别，别之为两。合，合之为一。

【译文】

善于谈论古代的人，一定能在当今得到验证，善于谈论天道的人，一定能在人间得到验证。大凡建言立说，重要的是要有证明、有根据。所以坐而论道，站起来就应该能够张设，张设了要能施行。现在孟子说："人性是善的。"却得不到任何验证，坐而空谈，起来不能够张设，张设了不能施行，岂不是错得太厉害了！因此如果认为人性善，那就是不需要圣王、不要礼义；如果认为人性恶，那就是赞成圣王、推崇礼义。所以檃栝的产生，是因为有曲木；绳墨的发明，是因为有弯曲的木料；设立君主，明确礼义，是因为人性是恶的。由此看来，人性恶是很明明白白的了，人性之善只是后天人为的东西。

直木不待檃栝而直者，其性直也；枸木必将待檃栝、烝、矫然后直者，以其性不直也。今人之性恶，必将待圣王之治，礼义之化，然后始出于治，合于善也。用此观之，人之性恶明矣，其善者伪也。

【译文】

不依靠檃栝而直，因为它天生是直的；曲木必须要经过檃栝、加热矫正之后才直，是因为其天性不直。现在人性的恶，一定要经过圣王的治理，礼义的教化，之后才能够得到治理，符合善的标准。由此看来，人性恶是很明明白白的了，人性之善只是后天人为的东西。

问者曰："礼义积伪者，是人之性，故圣人能生之也。"应之曰：是不然。夫陶人埏埴而生瓦，然则瓦埴岂陶人之性也哉^①？工人斫木而生器，然则器木岂工人之性也哉^②？夫圣人之于礼义也，辟则陶埏而生之也^③，然则礼义积伪者，岂人之本性也哉？凡人之性者，尧、舜之与桀、跖，其性一也；君子之与小人，其性一也。今将以礼义积伪为人之性邪？然则有曷贵尧、禹，曷贵君子矣哉？凡所贵尧、禹、君子者，能化性，能起伪，伪起而生礼义。然则圣人之于礼义积伪也，亦犹陶埏而生之也。用此观之，然则礼义积伪者，岂人之性也哉？所贱于桀、跖、小人者，从其性，顺其情，安恣睢，以出乎贪利争夺。故人之性恶明矣，其善者伪也。

【注释】

①瓦埴：用土制成的瓦。

②器木：用木制成的器。

③辟：通"譬"，譬如。

【译文】

问的人说："礼、义、积、伪四者，是人的本性，所以圣人才能创造它们。"回应说：这是不对的。陶人用水和黏土制作陶器而造出瓦，难道瓦是陶人的天性？工匠削木为器，难道器木是工匠的本性？圣人之于礼义，就像陶人之于陶器一样，如此，那礼、义、积、伪，怎么能说是人的本性？大凡人的天性，尧、舜与桀、跖都是一样的；君子与小人，其本性也是一样的。现在将以礼、义、积、伪为人的本性吗？这样的话，又何必推崇尧、禹，推崇君子？人之所以推崇尧、禹、推崇君子，是因为他们能变化天性中的恶，能兴起后天的善，兴起后天的善就产生了礼义。所以说，圣人与礼、义、积、伪的关系，就好像陶人用水和泥制作陶器一样。由此看来，礼、义、积、伪这些东西，哪里是人的天性？之所以蔑视桀、跖、小人，是因为他们放纵自己的天性，顺从自己天情，任意胡作非为，表现出贪利争夺。所以人性恶是很明明白白的了，人性之善只是后天人为的东西。

天非私曾、骞、孝己而外众人也①，然而曾、骞、孝己独厚于孝之实，而全于孝之名者，何也？以綦于礼义故也②。天非私齐、鲁之民而外秦人也，然而于父子之义、夫妇之别，不如齐、鲁之孝具敬文者③，何也？以秦人之从情性、安恣睢、慢于礼义故也，岂其性异矣哉？

【注释】
①私：偏爱。曾：曾参。骞：闵子骞。两人都是孔子的学生，以孝闻名。孝己：殷高宗的儿子，也有孝名。
②綦：极，很。
③孝具：孝道具备。敬文：恭敬有礼节，原文为"敬父"，依文义改。

【译文】
老天并不是偏爱曾参、闵子骞、孝己而嫌弃众人，然而只有曾参、闵子骞、孝己注重孝的实践，而完全获得了孝的美名，为什么？这是因为他们能尽力于礼义的缘故。老天不是偏爱齐、鲁之人而嫌弃秦人，然而在父子之义、夫妇之别上，他们不如齐、鲁之人孝道具备、恭敬有礼，为什么？这是因为秦人放纵自己的天性，任意胡作非为，怠慢于礼义的缘故啊。难道是他们的本性不一样吗？

"涂之人可以为禹。"曷谓也？曰：凡禹之所以为禹者，以其为仁义法正也。然则仁义法正有可知可能之理，然而涂之人也，皆有可以知仁义法正之质，皆有可以能仁义法正之具，然则其可以为禹明矣。今以仁义法正为固无可知可能之理邪？然则唯禹不知仁义法正，不能仁义法正也。将使涂之人固无可以知仁义法正之质，而固无可以能仁义法正之具邪？然则涂之人也，且内不可以知父子之义，外不可以知君臣之正。今不然。涂之人者，皆内可以知父子之义，外可以知君臣之正，然则其可以知之质、可以能之具，其在涂之人明矣。今使涂之人者以其可以知之质，可以能之具，本夫仁义法正之可知可能之理，然则其可以为禹明矣。今使涂之人伏术为学①，专心致志，思索孰察，加日县久，积善而不息，则通于神明，参于天地矣。故圣人者，人之所积而致矣。

【注释】

①伏：通"服"，从事。术：方法。这里指掌握道术的
　方法。

【译文】

"路上的普通人也可以成为大禹。"为什么这么说呢？
答：禹之所以为禹，因为他能实行"仁义法正"的缘故。
这样说来，仁义法正就有可以知道、可以做到的道理，这
样说来，普通人都有能够知道仁义法正的材质，都有能做
到仁义法正的条件，所以他能成为禹的道理是很明显的。
现在如果以仁义法正为根本不可知不可做之理，那么即使
是大禹也会不知仁义法正，做不到仁义法正。假使普通人
根本没有能够知道仁义法正的材质，根本不具备做到仁义
法正的条件，那么普通人就会在家不知道父子之义，在外
不知道君臣的规矩。但事实并非如此。现在的普通人在家
都知道父子之义、在外都知道君臣的规矩，这样看来，普
通人有知道仁义法正的材质，能做到仁义法正的条件是显
而易见的了。现在让这些普通人，用其知道仁义法正的材
质，以及能够做到仁义法正的条件，本着仁义法正可知可
做的道理去做，那么他们能成为大禹就是很清楚的事了。
如果让普通人掌握道术的方法，努力学习，专心致志，认
真思索，仔细考察，日积月累，积累善行而不停息，就会
达到神明的境界，与天地相参。所以，圣人是通过积累仁
义法正而达到的。

　　曰："圣可积而致，然而皆不可积，何也？"

曰：可以而不可使也。故小人可以为君子而不肯为君子，君子可以为小人而不肯为小人。小人、君子者，未尝不可以相为也，然而不相为者，可以而不可使也。故涂之人可以为禹则然，涂之人能为禹，则未必然也。虽不能为禹，无害可以为禹。足可以遍行天下，然而未尝有能遍行天下者也。夫工匠农贾，未尝不可以相为事也，然而未尝能相为事也。用此观之，然则可以为，未必能也；虽不能，无害可以为。然则能不能之与可不可，其不同远矣，其不可以相为明矣。

【译文】

问："圣人可以通过积累善行而达到，然而大多数人都达不到，为什么？"答：可以做而未必一定要这样做。所以小人能做君子，而不肯做君子；君子可以做小人，而不肯为小人。小人、君子，未必不可以互相做。然而不互相做，就因为可以做而不肯做。所以普通人有可能做大禹，那是一定的，普通人一定能成为禹，却未必如此。虽然不一定能成为禹，不妨碍他们可能成为禹。脚可以走遍天下，然而不曾有走遍天下的人。工匠、农夫、商人，未必不可以互相交换着做事，然而不曾互相交换。由此看来，那就是有可能做，但未必一定能做到；虽然不一定能做到，但不妨碍有可能做。如此，则能不能做到与有没有可能做，其间差别太大了。它们之间不能等同看待是很明显的。

尧问于舜曰："人情何如？"舜对曰："人情甚不美，又何问焉？妻子具而孝衰于亲，嗜欲得而信衰于友，爵禄盈而忠衰于君。人之情乎！人之情乎！甚不美，又何问焉？"唯贤者为不然。有圣人之知者，有士君子之知者，有小人之知者，有役夫之知者：多言则文而类^①，终日议其所以，言之千举万变，其统类一也，是圣人之知也。少言则径而省^②，论而法^③，若佚之以绳^④，是士君子之知也。其言也谄^⑤，其行也悖，其举事多悔，是小人之知也。齐给、便敏而无类^⑥，杂能、旁魄而无用^⑦，析速、粹孰而不急^⑧，不恤是非，不论曲直，以期胜人为意，是役夫之知也。

【注释】

① 文：指一个人言语文雅不粗鄙，与礼义之"文"的"文"不同。类：有系统，有条理。

② 径：直接。省：少。

③ 论：通"伦"。法：有法度。

④ 佚：俞樾以为当读为"秩"，又通"程"，事物的标准，这是用做动词。

⑤ 谄（tāo）：荒诞，可疑。

⑥ 齐给：指口齿敏捷。

⑦ 旁魄：同"磅礴"，指广泛。

⑧ 析：析辞为察之析，如名家之辨之类。粹孰：粹熟，精熟。

【译文】

　　尧问舜说:"人的性情到底是怎样的?"舜回答说:"人的性情很不好,又何必问?有了妻子儿女,对父母的孝敬就减退了;欲望满足了,对朋友的诚信就减退了;有了高官厚禄,对君主的忠诚就减退了。这就是人的性情啊!这就是人的性情啊!太不好了,又何必问?"只有贤者才不是这样的。有圣人的智慧,有士君子的智慧,有小人的智慧,有役夫的智慧。言语多,但文雅而有条理,终日议论其所以如此主张的道理,语言虽千变万化,但其总原则只有一个,这是圣人的智慧。言语少,简洁直接,有条例有章法,就好像用绳墨量过一样,这是士君子的智慧。言语荒诞,行为悖乱,做事多后悔,这是小人的智慧。口齿伶俐而无统类,才能博杂而无用,分析得头头是道而不合急用,不顾是非,不管曲直,只是以胜过别人为满足,这就是役夫的智慧。

　　有上勇者,有中勇者,有下勇者。天下有中,敢直其身;先王有道,敢行其意;上不循于乱世之君,下不俗于乱世之民;仁之所在无贫穷,仁之所亡无富贵;天下知之,则欲与天下同乐之;天下不知之,则傀然独立天地之间而不畏①,是上勇也。礼恭而意俭②,大齐信焉而轻货财③,贤者敢推而尚之,不肖者敢援而废之,是中勇也。轻身而重货,恬祸而广解④,苟免,不恤是非、然不然之情,以期胜人为意,是下勇也。

【注释】

①傀（guī）：岿然，高大的样子。

②意俭：心意谦虚。

③大：重视。齐：庄敬。

④恬：安。广解：多方推脱。

【译文】

有上勇的人，有中勇的人，有下勇的人。天下有礼义，敢于挺身而出，先王有道，敢于践行其意；上不苟且顺从乱世之君，下不随从乱世之民；仁之所在，虽贫穷，不以为苦，仁之所无，虽富贵，不以为乐；天下人知道他，则愿与天下人共乐；天下人不知道他，则岿然独立于天地之间而无所惧，这是上勇。礼貌恭敬，心意谦虚，看重庄敬诚信而轻视财富，敢于把贤能的人举荐上去，敢于把不肖之人拉下来，这是中勇。不惜性命，追求财富，为祸而不知耻，且多方设法解脱，逃避罪责，不顾是非曲直、赞同不对的情况，只是以胜过别人为满足，这是下勇。

繁弱、巨黍①，古之良弓也，然而不得排檠②，则不能自正。桓公之葱③，太公之阙④，文王之录⑤，庄君之曶⑥，阖闾之干将、莫邪、巨阙、辟闾⑦，此皆古之良剑也，然而不加砥厉则不能利，不得人力则不能断。骅骝、骐骥、纤离、绿耳⑧，此皆古之良马也，然而必前有衔辔之制⑨，后有鞭策之威，加之以造父之驭，然后一日而致千里也。夫人虽有性质美而心辩知，必将求贤师而事之，择良友而友之。得贤师而事之，则所闻者尧、舜、禹、汤之道也；得良友而友之，则所见者忠信敬让之行也。身日进于仁义而不自知也者，靡使然也。今与不善人处，则所闻者欺诬诈伪也，所见者污漫、淫邪、贪利之行也，身且加于刑戮而不自知者，靡使然也。传曰："不知其子视其友；不知其君视其左右。"靡而已矣！靡而已矣！

【注释】

①繁弱、巨黍：都是古代的良弓。

②排檠（qíng）：矫正弓弩的工具。

③桓公：齐桓公，春秋齐国国君，春秋五霸之一。葱：和下文的"阙"、"录"、"曶（hū）"、"干将"、"莫邪"、"巨阙"、"辟闾"，都是剑名。

④太公：姜太公，即吕望，周文王大臣，文王死后，辅佐周武王。

⑤文王：指周文王。

⑥庄君：楚庄王，春秋时楚国国君，春秋五霸之一。

⑦阖闾（hélǘ）：春秋时吴国国君。

⑧骅骝、骐骥、纤离、绿耳：都是良马的名称。

⑨衔：马嚼子。辔（pèi）：马缰绳。

【译文】

繁弱、巨黍，是古代的良弓，然而不得排檠的矫正就不能变正。齐桓公的葱，姜太公的阙，周文王的录，楚庄王的曶，阖闾的干将、莫邪、巨阙、辟闾，这些都是古代的良剑，然而不进行砥砺就不会锋利，不借助于人力的加工，就不能断物。骅骝、骐骥、纤离、绿耳，这都是古代的良马，然后一定要前面加上嚼头制约它，后有鞭策的威慑，加上造父精良的驾车术，然后才能日行千里。一个人虽有好的素质，又有较好的辨别能力，但一定还要找到贤师并师从他，选择良友并结交他。得到贤师并师从他，那所听到的都是尧、舜、禹、汤之道，得良友并结交他，那么所见到的都是忠、信、敬、让的行为。自己在不知不觉中一天天懂得了"仁义"，这都是环境的力量造成的。现在与不善的人相处，所听见的都是欺骗奸诈，所看见的都是肮脏、淫邪、贪利的行为，自己都要遭到刑杀却还不自知，这都是环境的力量造成的。古书上说："不了解一个人的儿子，看看他儿子的朋友就清楚了；不了解他的君主，看看君主身边的人就知道了。"说的就是潜移默化的影响罢了！说的就是潜移默化的影响罢了！